本書の特色と使い方

5段階指導で　どの子にも　確実に　高い漢字力が　身につきます。

1　書き順

正しい書き順が身につくよう，はじめに書き順を何度も練習しましょう。

読み方は，小学校で習うものを書いておきました。

2　漢字の読み

書き順のページを見て，どんな読み方をするのが一番よいのか考えて書きましょう。

答えあわせは，なぞり書きのページを見てしましょう。

3　なぞり書き

書き順と漢字の読み方を練習したあと，一字ずつお手本をなぞり書きしましょう。

同じページをコピーして何回もなぞり書きをすると，とても美しい文字が書けるようになります。また高い漢字力が自然に身につきます。

4　漢字の書き取り

前のページを見ないで，テストのつもりで，ていねいに書きましょう。

書いたあとは必ず，すぐに○をつけましょう。まちがった漢字は，くりかえし練習しましょう。

このページを２～３枚コピーしておいて，何度も練習するのもよいでしょう。

5　テスト

漢字の書き取りのページ，数枚につき，1回の割合で，まとめテストがあります。

その学年で習う新出漢字や読みかえ漢字を中心に出題しました。実力テストと思って，チャレンジしましょう。


やさしい手書き文字（書き順を除く）が，子どもたちの心をあたたかくはげまします。

書きじゅんに 気をつけて ていねいに 書きましょう

新しく出たかん字 P3～P5 の書きじゅん

名前

詩	シ		十三画
習	シュウ	ならう	十一画
商	ショウ		十一画
動	ドウ	うごく うごかす	十一画
物	ブツ モツ	もの	八画
開	カイ	ひらく あける	十二画
族	ゾク		十一画
葉	ヨウ	は	十二画

書きじゅんに 気をつけて ていねいに 書きましょう

新しく出たかん字 P6～P8 の書きじゅん

名前

実	ジツ	み みのる	八画
所	ショ	ところ	八画
面	メン		九画
登	トウ ト	のぼる	十二画
事	ジ	こと	八画
館	カン	やかた	十六画
号	ゴウ		五画

ていねいに よみがなを 書きましょう

名前

1. 詩を楽しむ
2. 音読しよう
3. 学習ノート
4. 日記を書く
5. 朝の会
6. 商売をする
7. 森にすむ動物
8. 店の名前
9. 声で分かる
10. 戸が開く

ていねいに よみがなを 書きましょう

名前

1. 物語を読む
2. 野うさぎ
3. 茶色の耳
4. 村八分
5. 木の近く
6. ふく風の音
7. 五人家族
8. 長い時間
9. 下を見下ろす
10. 葉っぱをつむ

ていねいに
なぞり書きを しましょう

名前

1 詩《し》を楽《たの》しむ

2 音読《おんどく》しよう

3 学習《がくしゅう》ノート

4 日記《にっき》を書《か》く

5 朝《あさ》の会《かい》

6 商売《しょうばい》をする

7 森《もり》にすむ動物《どうぶつ》

8 店《みせ》の名前《なまえ》

9 声《こえ》で分《わ》かる

10 戸《と》が開《ひら》く

ていねいに
なぞり書きを しましょう

名前

1 物語《ものがたり》を読《よ》む

2 野《の》うさぎ

3 茶色《ちゃいろ》の耳《みみ》

4 村《むら》八《はち》分《ぶ》

5 木《き》の近《ちか》く

6 ふく風《かぜ》の音《おと》

7 五《ご》人《にん》家《か》族《ぞく》

8 長《なが》い時間《じかん》

9 下《した》を見《み》下《お》ろす

10 葉《は》っぱをつむ

かん字をていねいに書きましょう

名前

1 しをたのしむ
2 おんどくしよう
3 がくしゅうノート
4 にっきをかく
5 あさのかい
6 しょうばいをする
7 もりにすむどうぶつ
8 みせのなまえ
9 こえでわかる
10 とがひらく

かん字をていねいに書きましょう

名前

1 ものがたりをよむ
2 のうさぎ
3 ちゃいろのみみ
4 むらはちぶ
5 きのちかく
6 ふくかぜのおと
7 ごにんかぞく
8 ながいじかん
9 したをみおろす
10 はっぱをつむ

ていねいに よみがなを 書きましょう

名前

1 今朝の天気
2 九時に開店
3 今日は晴れ
4 赤い草の実
5 犬のお母さん
6 二人で話す
7 すわる場所
8 地面をほる
9 目を開ける
10 本の登場人物

ていねいに よみがなを 書きましょう

名前

1 音の強弱
2 すき間風
3 出来事を知る
4 後で話を聞く
5 言葉あそび
6 実は紙だった
7 図書館に行く
8 番号でさがす
9 文学を学ぶ
10 地図を見る

ていねいに　なぞり書きを　しましょう

名前

1. 今朝《けさ》の天気《てんき》
2. 九時《くじ》に開店《かいてん》
3. 今日《きょう》は晴《は》れ
4. 赤《あか》い草《くさ》の実《み》
5. 犬《いぬ》のお母《かあ》さん
6. 二人《ふたり》で話《はな》す
7. すわる場所《ばしょ》
8. 地面《じめん》をほる
9. 目《め》を開《あ》ける
10. 本《ほん》の登《とう》場《じょう》人《じん》物《ぶつ》

ていねいに　なぞり書きを　しましょう

名前

1. 音《おと》の強弱《きょうじゃく》
2. すき間《ま》風《かぜ》
3. 出《で》来《き》事《ごと》を知《し》る
4. 後《あと》で話《はなし》を聞《き》く
5. 言《こと》葉《ば》あそび
6. 実《じつ》は紙《かみ》だった
7. 図《と》書《しょ》館《かん》に行《い》く
8. 番《ばん》号《ごう》でさがす
9. 文《ぶん》学《がく》を学《まな》ぶ
10. 地図《ちず》を見《み》る

かん字をていねいに書きましょう

名前

1. けさのてんき
2. くじにかいてん
3. きょうははれ
4. あかいくさのみ
5. いぬのおかあさん
6. ふたりではなす
7. すわるばしょ
8. じめんをほる
9. めをあける
10. ほんのとうじょうじんぶつ

かん字をていねいに書きましょう

名前

1. おとのきょうじゃく
2. すきまかぜ
3. できごとをしる
4. あとではなしをきく
5. ことばあそび
6. じつはかみだった
7. としょかんにいく
8. ばんごうでさがす
9. ぶんがくをまなぶ
10. ちずをみる

書きじゅんに 気をつけて ていねいに 書きましょう

新しく出たかん字 P10～P12の書きじゅん

名前

使	シ　つかう	八画
深	シン　ふかい　ふかまる	十一画
意	イ	十三画
味	ミ　あじ　あじわう	八画
漢	カン	十三画
調	チョウ　しらべる	十五画
由	ユ　ユウ	五画
温	オン　あたたか　あたたかい	十二画
酒	シュ　さけ　さか	十画
問	モン　とう　とん	十一画
題	ダイ	十八画
章	ショウ	十一画

書きじゅんに 気をつけて ていねいに 書きましょう

新しく出たかん字 P10～P12 P14～P16の書きじゅん

名前

平	ヘイ　ビョウ　たいら　ひら	五画
次	ジ　つぐ　つぎ	六画
昔	むかし	八画
表	ヒョウ　おもて　あらわす	八画
発	ハツ	九画
県	ケン	九画
有	ユウ　ある	六画
氷	ヒョウ　こおり	五画
秒	ビョウ	九画
農	ノウ	十三画
球	キュウ　たま	十一画
局	キョク	七画

ていねいに よみがなを 書きましょう

名前

1. 見出し語
2. 手紙を書く
3. 車を使う
4. 深い海のそこ
5. 意味を考える
6. 漢字学習
7. 花を調べる
8. さか道を歩く
9. 自由に作る
10. 温かい心の人

ていねいに よみがなを 書きましょう

名前

1. あま酒をのむ
2. 国語の問題
3. はこの内がわ
4. かわいい人形
5. 文章を見直す
6. 平気な顔
7. 新かん線
8. 楽しい生活
9. 土曜日の朝
10. 野原の草花

ていねいになぞり書きを　しましょう

名前

1. 見《み》出《だ》し語《ご》
2. 手《て》紙《がみ》を書《か》く
3. 車《くるま》を使《つか》う
4. 深《ふか》い海《うみ》のそこ
5. 意《い》味《み》を考《かんが》える
6. 漢《かん》字《じ》学《がく》習《しゅう》
7. 花《はな》を調《しら》べる
8. さか道《みち》を歩《ある》く
9. 自《じ》由《ゆう》に作《つく》る
10. 温《あたた》かい心《こころ》の人《ひと》

ていねいになぞり書きを　しましょう

名前

1. あま酒《ざけ》をのむ
2. 国《こく》語《ご》の問《もん》題《だい》
3. はこの内《うち》がわ
4. かわいい人《にん》形《ぎょう》
5. 文《ぶん》章《しょう》を見《み》直《なお》す
6. 平《へい》気《き》な顔《かお》
7. 新《しん》かん線《せん》
8. 楽《たの》しい生《せい》活《かつ》
9. 土《ど》曜《よう》日《び》の朝《あさ》
10. 野《の》原《はら》の草《くさ》花《ばな》

かん字をていねいに書きましょう

名前

1. みだしご
2. てがみをかく
3. くるまをつかう
4. ふかいうみのそこ
5. いみをかんがえる
6. かんじがくしゅう
7. はなをしらべる
8. さかみちをあるく
9. じゆうにつくる
10. あたたかいこころのひと

かん字をていねいに書きましょう

名前

1. あまざけをのむ
2. こくごのもんだい
3. はこのうちがわ
4. かわいいにんぎょう
5. ぶんしょうをみなおす
6. へいきなかお
7. しんかんせん
8. たのしいせいかつ
9. どようびのあさ
10. のはらのくさばな

まとめテスト (1)

P5
P8
P12

名前

（1問2点）

①□②□《しょうてん》が③〔　〕《ひらく》④□⑤□《かぞく》ですごす⑥□《は》っぱ

⑦□《し》の⑧□⑨□《がくしゅう》⑩□⑪□《どうぶつ》⑫□⑬□⑭□《としょかん》

⑮□⑯□《かんじ》の⑰□⑱□《いみ》を⑲〔　〕《しらべる》⑳□㉑□《ばんごう》をつける

㉒□《じつ》はやさしい㉓□㉔□㉕□㉖□《ぶんしょうもんだい》お㉗□《めん》㉘□㉙□《ことば》

㉚□㉛□《へいき》な㉜□《かお》㉝□㉞□《じゆう》に㉟〔　〕《つかう》

㊱〔　〕《あたたかい》お㊲□《さけ》げきの㊳□㊴□㊵□㊶□《とうじょうじんぶつ》

㊷□㊸□《きょう》の㊹□㊺□㊻□《できごと》音の㊼□㊽□《きょうじゃく》

㊾〔　〕《ふかい》㊿□《ところ》

ていねいに よみがなを 書きましょう

名前

1 次の時間
2 朝食はパンだ
3 早朝に走る
4 日本の漢字
5 朝顔の花
6 昔の話を聞く
7 大きな公園
8 詩に書き表す
9 正しい発音
10 県道ぞいの店

ていねいに よみがなを 書きましょう

名前

1 有名な学しゃ
2 氷水をのむ
3 三分間まつ
4 六十秒は一分
5 米農家
6 野球がすきだ
7 水道局
8 小学校に通う
9 近道を教える
10 毎日本を読む

ていねいになぞり書きを　しましょう

名前

1 次《つぎ》の時《じ》間《かん》

2 朝《ちょう》食《しょく》はパンだ

3 早《そう》朝《ちょう》に走《はし》る

4 日《に》本《ほん》の漢《かん》字《じ》

5 朝《あさ》顔《がお》の花《はな》

6 昔《むかし》の話《はなし》を聞《き》く

7 大《おお》きな公《こう》園《えん》

8 詩《し》に書《か》き表《あらわ》す

9 正《ただ》しい発《はつ》音《おん》

10 県《けん》道《どう》ぞいの店《みせ》

ていねいになぞり書きを　しましょう

名前

1 有《ゆう》名《めい》な学《がく》しゃ

2 氷《こおり》水《みず》をのむ

3 三《さん》分《ぷん》間《かん》まつ

4 六《ろく》十《じゅう》秒《びょう》は一《いっ》分《ぷん》

5 米《こめ》農《のう》家《か》

6 野《や》球《きゅう》がすきだ

7 水《すい》道《どう》局《きょく》

8 小《しょう》学《がっ》校《こう》に通《かよ》う

9 近《ちか》道《みち》を教《おし》える

10 毎《まい》日《にち》本《ほん》を読《よ》む

かん字をていねいに書きましょう

名前

1. つぎのじかん
2. ちょうしょくはパンだ
3. そうちょうにはしる
4. にほんのかんじ
5. あさがおのはな
6. むかしのはなしをきく
7. おおきなこうえん
8. しにかきあらわす
9. ただしいはつおん
10. けんどうぞいのみせ

かん字をていねいに書きましょう

名前

1. ゆうめいながくしゃ
2. こおりみずをのむ
3. さんぷんかんまつ
4. ろくじゅうびょうはいっぷん
5. こめのうか
6. やきゅうがすきだ
7. すいどうきょく
8. しょうがっこうにかよう
9. ちかみちをおしえる
10. まいにちほんをよむ

書きじゅんに 気をつけて ていねいに 書きましょう

新しく出たかん字 P18～P20 の書きじゅん

名前

決《ケツ　きめる　きまる》	七画	決 決 決
整《セイ　ととのえる　ととのう》	十六画	整 整 整
相《ソウ　あい》	九画	相 相 相
落《ラク　おちる　おとす》	十二画	落 落 落
着《チャク　きる　つく》	十二画	着 着 着
洋《ヨウ》	九画	洋 洋 洋
服《フク》	八画	服 服 服
遊《ユウ　あそぶ》	十二画	遊 遊 遊
全《ゼン　まったく　すべて》	六画	全 全 全

書きじゅんに 気をつけて ていねいに 書きましょう

新しく出たかん字 P18～P23 の書きじゅん

名前

短《タン　みじかい》	十二画	短 短 短
世《セイ　セ　よ》	五画	世 世 世
界《カイ》	九画	界 界 界
横《オウ　よこ》	十五画	横 横 横
指《シ　ゆび　さす》	九画	指 指 指
鉄《テツ》	十三画	鉄 鉄 鉄
安《アン　やすい》	六画	安 安 安
定《テイ　ジョウ　さだめる》	八画	定 定 定
様《ヨウ　さま》	十四画	様 様 様

ていねいに よみがなを 書きましょう

名前

1 話を引き出す
2 名前を決める
3 整理する
4 円の中心
5 家での出来事
6 大切にする
7 明るい気もち
8 水面にうかぶ
9 一人ずつ聞く
10 相手を見る

ていねいに よみがなを 書きましょう

名前

1 お金を落とす
2 シャツを着る
3 子どもの洋服
4 用事をする
5 早口言葉
6 友だちと遊ぶ
7 学校全体
8 短く切る
9 意味を考える
10 楽しい時間

ていねいに なぞり書きを しましょう

名前

1 話《はなし》を引《ひ》き出《だ》す

2 名前《なまえ》を決《き》める

3 整理《せいり》する

4 円《えん》の中心《ちゅうしん》

5 家《いえ》での出来事《できごと》

6 大切《たいせつ》にする

7 明《あか》るい気《き》もち

8 水面《すいめん》にうかぶ

9 一人《ひとり》ずつ聞《き》く

10 相手《あいて》を見《み》る

ていねいに なぞり書きを しましょう

名前

1 お金《かね》を落《お》とす

2 シャツを着《き》る

3 子《こ》どもの洋服《ようふく》

4 用事《ようじ》をする

5 早口《はやくち》言葉《ことば》

6 友《とも》だちと遊《あそ》ぶ

7 学校《がっこう》全体《ぜんたい》

8 短《みじか》く切《き》る

9 意味《いみ》を考《かんが》える

10 楽《たの》しい時間《じかん》

かん字をていねいに書きましょう

名前

1 はなしをひきだす
2 なまえをきめる
3 せいりする
4 えんのちゅうしん
5 いえでのできごと
6 たいせつにする
7 あかるいきもち
8 すいめんにうかぶ
9 ひとりずつきく
10 あいてをみる

かん字をていねいに書きましょう

名前

1 おかねをおとす
2 シャツをきる
3 こどものようふく
4 ようじをする
5 はやくちことば
6 ともだちとあそぶ
7 がっこうぜんたい
8 みじかくきる
9 いみをかんがえる
10 たのしいじかん

ていねいに
よみがなを　書きましょう

名前

1 広い場所

2 元のすがた

3 全く知らない

4 世界中の人々

5 ゲームを行う

6 横書きの文章

7 ガラスの表面

8 細長い形

9 あなが空く

10 かねが鳴る

ていねいに
よみがなを　書きましょう

名前

1 赤と白の色

2 指でつまむ

3 鉄のいた

4 安定したいす

5 絵が上手な人

6 こまを回す

7 先が丸い

8 様子を見る

9 本に親しむ

10 科学の図かん

ていねいに なぞり書きを しましょう

名前

1 広《ひろ》い場所《ばしょ》
2 元《もと》のすがた
3 全《まった》く知《し》らない
4 世界中《せかいじゅう》の人々《ひとびと》
5 ゲームを行《おこな》う
6 横書《よこが》きの文章《ぶんしょう》
7 ガラスの表面《ひょうめん》
8 細長《ほそなが》い形《かたち》
9 あなが空《あ》く
10 かねが鳴《な》る

ていねいに なぞり書きを しましょう

名前

1 赤《あか》と白《しろ》の色《いろ》
2 指《ゆび》でつまむ
3 鉄《てつ》のいた
4 安定《あんてい》したいす
5 絵《え》が上手《じょうず》な人《ひと》
6 こまを回《まわ》す
7 先《さき》が丸《まる》い
8 様子《ようす》を見《み》る
9 本《ほん》に親《した》しむ
10 科学《かがく》の図《ず》かん

かん字をていねいに書きましょう

名前

1 ひろいばしょ

2 もとのすがた

3 まったくしらない

4 せかいじゅうのひとびと

5 ゲームをおこなう

6 よこがきのぶんしょう

7 ガラスのひょうめん

8 ほそながいかたち

9 あながあく

10 かねがなる

かん字をていねいに書きましょう

名前

1 あかとしろのいろ

2 ゆびでつまむ

3 てつのいた

4 あんていしたいす

5 えがじょうずなひと

6 こまをまわす

7 さきがまるい

8 ようすをみる

9 ほんにしたしむ

10 かがくのずかん

まとめテスト (2)

P16
P20
P23

名前

（一問2点）

①□②□《むかしばなし》

③□《つぎ》の人

④□⑤□《こおり　みず》

⑥□⑦□《ちょうしょく》をとる

⑧□⑨□《ゆう　めい》になる

⑩□《か》き

⑪〔　〕《あらわす》

六十⑫□《びょう》

⑬□⑭□《そう　ちょう》マラソン

⑮□⑯□《けん　どう》を走る

⑰□⑱□《のう　か》

⑲〔　〕《みじかい》

⑳□㉑□《はつ　おん》

㉒□㉓□《ち　きゅう》

ゆうびん㉔□《きょく》

㉕□㉖□《よう　ふく》を

㉗□㉘□《せい　り》する

㉙□《き》める

㉚□㉛□《せ　かい》

㉜□㉝□《ちゅう　しん》話

㉞□㉟□《あい　て》

㊱□㊲□《ひと　り》で

㊳〔　〕《あそぶ》

カギを㊴〔　〕《おとす》

㊵□《てつ》のぼう

㊶□㊷□《おや　ゆび》

㊸□㊹□《あん　てい》する

㊺□㊻□《よう　す》を見る

㊼□㊽□《じょう　ず》な字

㊾□㊿□《よこ　が》き

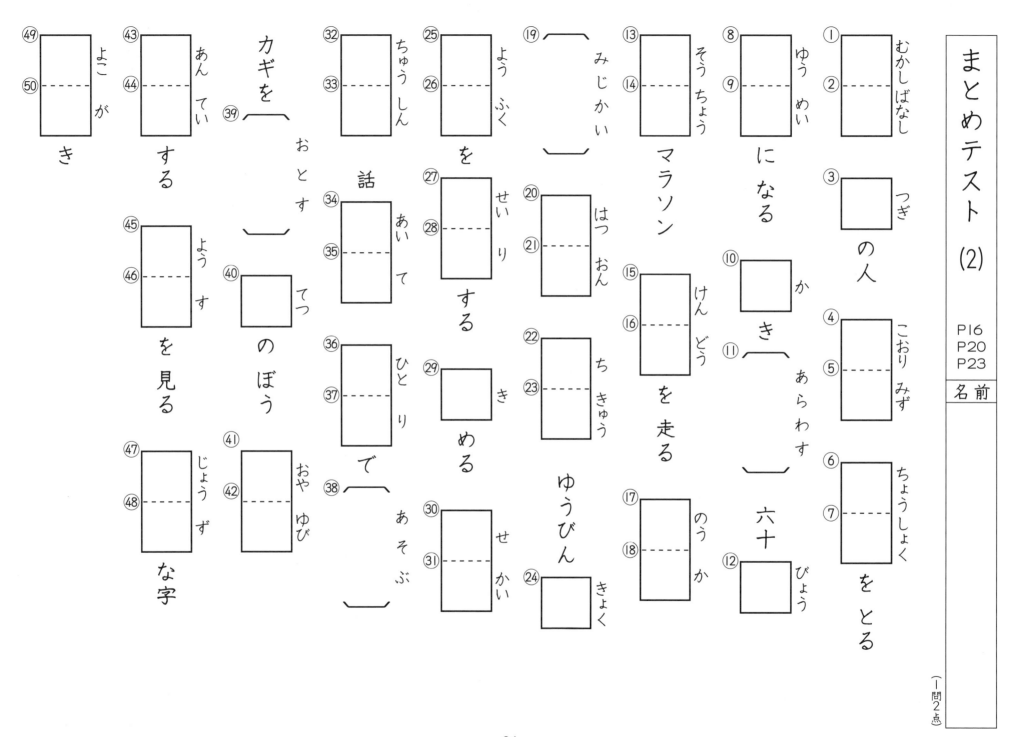

書きじゅんに 気をつけて ていねいに 書きましょう

新しく出た かん字 P26～P28 の書きじゅん

名前

運	ウン	はこぶ	十二画
予	ヨ		四画
返	ヘン	かえす かえる	七画
緑	リョク	みどり	十四画
送	ソウ	おくる	九画
住	ジュウ	すむ すまう	七画
感	カン		十三画
想	ソウ		十三画
具	グ		八画
悪	アク	わるい	十一画

書きじゅんに 気をつけて ていねいに 書きましょう

新しく出た かん字 P26～P31 の書きじゅん

名前

拾		ひろう	九画
持	ジ	もつ	九画
向	コウ	むく むかう	六画
坂		さか	七画
悲	ヒ	かなしい かなしむ	十二画
岸	ガン	きし	八画
路	ロ	じ	十三画
区	ク		四画
陽	ヨウ		十二画

ていねいに よみがなを 書きましょう

名前

1. 学習発表会
2. 相手と話す
3. 楽しい運動会
4. 百メートル走
5. 予定を決める
6. 文を読み返す
7. 緑色のベンチ
8. 小学校に通う
9. 手紙を送る
10. 住所とあて名

ていねいに よみがなを 書きましょう

名前

1. 感想を話す
2. 青い絵の具
3. きまりが悪い
4. 小石を拾う
5. かぎを持つ
6. 北の方角
7. 落とし物
8. 交番に向かう
9. 坂道を下る
10. 金具をつける

ていねいに なぞり書きを しましょう

名前

1. 学《がく》習《しゅう》発《はっ》表《ぴょう》会《かい》
2. 相手《あいて》と話《はな》す
3. 楽《たの》しい運《うん》動《どう》会《かい》
4. 百《ひゃく》メートル走《そう》
5. 予《よ》定《てい》を決《き》める
6. 文《ぶん》を読《よ》み返《かえ》す
7. 緑《みどり》色《いろ》のベンチ
8. 小《しょう》学《がっ》校《こう》に通《かよ》う
9. 手《て》紙《がみ》を送《おく》る
10. 住《じゅう》所《しょ》とあて名《な》

ていねいに なぞり書きを しましょう

名前

1. 感《かん》想《そう》を話《はな》す
2. 青《あお》い絵《え》の具《ぐ》
3. きまりが悪《わる》い
4. 小《こ》石《いし》を拾《ひろ》う
5. かぎを持《も》つ
6. 北《きた》の方《ほう》角《がく》
7. 落《お》とし物《もの》
8. 交《こう》番《ばん》に向《む》かう
9. 坂《さか》道《みち》を下《くだ》る
10. 金《かな》具《ぐ》をつける

かん字をていねいに書きましょう

名前

1 がくしゅうはっぴょうかい
2 あいてとはなす
3 たのしいうんどうかい
4 ひゃくメートルそう
5 よていをきめる
6 ぶんをよみかえす
7 みどりいろのベンチ
8 しょうがっこうにかよう
9 てがみをおくる
10 じゅうしょとあてな

かん字をていねいに書きましょう

名前

1 かんそうをはなす
2 あおいえのぐ
3 きまりがわるい
4 こいしをひろう
5 かぎをもつ
6 きたのほうがく
7 おとしもの
8 こうばんにむかう
9 さかみちをくだる
10 かなぐをつける

ていねいに よみがなを 書きましょう

名前

1. 円い形
2. 悲鳴を聞く
3. 海への近道
4. 立ち止まる
5. 歩道を歩く
6. こまが回る音
7. 元の所
8. ふり返る
9. 悲しい顔
10. 海岸通り

ていねいに よみがなを 書きましょう

名前

1. 時こく表
2. 電車の路線図
3. 新しい場面
4. 行動にうつす
5. 意見を言う
6. 調子を整える
7. 線で区切る
8. 東と西
9. 太陽がのぼる
10. 海で貝をとる

ていねいに なぞり書きを しましょう

名前

1 円《まる》い形《かたち》

2 悲《ひ》鳴《めい》を聞《き》く

3 海《うみ》への近《ちか》道《みち》

4 立《た》ち止《ど》まる

5 歩《ほ》道《どう》を歩《ある》く

6 こまが回《まわ》る音《おと》

7 元《もと》の所《ところ》

8 ふり返《かえ》る

9 悲《かな》しい顔《かお》

10 海《かい》岸《がん》通《どお》り

ていねいに なぞり書きを しましょう

名前

1 時《じ》こく表《ひょう》

2 電《でん》車《しゃ》の路《ろ》線《せん》図《ず》

3 新《あたら》しい場《ば》面《めん》

4 行《こう》動《どう》にうつす

5 意《い》見《けん》を言《い》う

6 調《ちょう》子《し》を整《ととの》える

7 線《せん》で区《く》切《ぎ》る

8 東《ひがし》と西《にし》

9 太《たい》陽《よう》がのぼる

10 海《うみ》で貝《かい》をとる

かん字をていねいに書きましょう

名前

1 まるいかたち
2 ひめいをきく
3 うみへのちかみち
4 たちどまる
5 ほどうをあるく
6 こまがまわるおと
7 もとのところ
8 ふりかえる
9 かなしいかお
10 かいがんどおり

かん字をていねいに書きましょう

名前

1 じこくひょう
2 でんしゃのろせんず
3 あたらしいばめん
4 こうどうにうつす
5 いけんをいう
6 ちょうしをととのえる
7 せんでくぎる
8 ひがしとにし
9 たいようがのぼる
10 うみでかいをとる

書きじゅんに 気をつけて ていねいに 書きましょう

新しく出たかん字 P33〜P35の書きじゅん

名前

泳《エイ》《およぐ》	八画	丶 冫 氵 氵 汀 河 泳 泳	泳泳泳
練《レン》《ねる》	十四画	く 幺 幺 糸 糸 糸 糸 紅 紅 絧 綪 紳 練 練	練練練
助《ジョ》《たすける》《たすかる》	七画	丨 冂 冃 月 且 助 助	助助助
童《ドウ》	十二画	丶 亠 亠 亣 立 产 音 音 音 竜 竜 童	童童童
申《もうす》	五画	丨 冂 日 日 申	申申申
仕《シ》《つかえる》	五画	ノ イ 仁 什 仕	仕仕仕
身《シン》《み》	七画	ノ 丿 白 自 自 身 身	身身身
品《ヒン》《しな》	九画	丨 口 口 口 口 品 品 品 品	品品品
客《キャク》	九画	丶 丶 宀 宀 灾 安 客 客 客	客客客
終《シュウ》《おわる》《おえる》	十一画	く 幺 幺 糸 糸 糸 紀 紀 終 終 終	終終終
銀《ギン》	十四画	ノ 人 亼 全 全 余 金 金 釕 釕 釕 鉀 銀 銀	銀銀銀

書きじゅんに 気をつけて ていねいに 書きましょう

新しく出たかん字 P33〜P35 P37〜P39の書きじゅん

名前

去《キョ・コ》《さる》	五画	一 十 土 去 去	去去去
筆《ヒツ》《ふで》	十二画	ノ 𠂉 𠂉 竹 竹 竹 筝 筝 筝 筀 筆 筆	筆筆筆
式《シキ》	六画	一 二 テ 工 式 式	式式式
植《ショク》《うえる》《うわる》	十二画	一 十 才 木 木 朩 杧 枯 植 植 植 植	植植植
集《シュウ》《あつまる》《あつめる》	十二画	ノ イ 亻 什 什 仹 隹 隹 隹 隼 集 集	集集集
化《カ》《ばける》《ばかす》	四画	ノ イ 亻 化	化化化
死《シ》《しぬ》	六画	一 厂 歹 歹 歹 死	死死死
都《ト・ツ》《みやこ》	十一画	一 十 土 耂 耂 者 者 者 者 都 都	都都都
両《リョウ》	六画	一 一 冂 币 両 両	両両両
負《フ》《まける》《おう》	九画	ノ ク 㐆 月 角 角 負 負 負	負負負

ていねいに よみがなを 書きましょう

名前

1 短い文章

2 近所のポスト

3 魚が泳ぐ

4 ろう読の練習

5 先生の助言

6 童話を読む

7 申しこみ用紙

8 本からの引用

9 大人と子ども

10 楽しい仕事

ていねいに よみがなを 書きましょう

名前

1 身の回りの人

2 多くの商品

3 お客様と話す

4 理由を答える

5 句《く》読点をうつ

6 夏の終わり

7 近くの銀行

8 去年の出来事

9 毛筆の字

10 入学式の様子

ていねいに
なぞり書きを　しましょう

名前

1 短《みじか》い文章《ぶんしょう》

2 近所《きんじょ》のポスト

3 魚《さかな》が泳《およ》ぐ

4 ろう読《どく》の練習《れんしゅう》

5 先生《せんせい》の助言《じょげん》

6 童話《どうわ》を読《よ》む

7 申《もう》しこみ用紙《ようし》

8 本《ほん》からの引用《いんよう》

9 大人《おとな》と子《こ》ども

10 楽《たの》しい仕事《しごと》

ていねいに
なぞり書きを　しましょう

名前

1 身《み》の回《まわ》りの人《ひと》

2 多《おお》くの商品《しょうひん》

3 お客様《きゃくさま》と話《はな》す

4 理由《りゆう》を答《こた》える

5 句読点《くとうてん》をうつ

6 夏《なつ》の終《お》わり

7 近《ちか》くの銀行《ぎんこう》

8 去年《きょねん》の出来事《できごと》

9 毛筆《もうひつ》の字《じ》

10 入学式《にゅうがくしき》の様子《ようす》

かん字をていねいに書きましょう

名前

1 みじかいぶんしょう

2 きんじょのポスト

3 さかながおよぐ

4 ろうどくのれんしゅう

5 せんせいのじょげん

6 どうわをよむ

7 もうしこみようし

8 ほんからのいんよう

9 おとなとこども

10 たのしいしごと

かん字をていねいに書きましょう

名前

1 みのまわりのひと

2 おおくのしょうひん

3 おきゃくさまとはなす

4 りゆうをこたえる

5 くとうてんをうつ

句

6 なつのおわり

7 ちかくのぎんこう

8 きょねんのできごと

9 もうひつのじ

10 にゅうがくしきのようす

まとめテスト(3)

P28
P31
P35

名前

（1問2点）

1. ①②③［　　　］《うんどうかい》
2. ④［　］《さか》道　ふり⑤（　　）《かえる》
3. ⑥⑦［　　］《みどりいろ》
4. ⑧⑨［　　］《よてい》がある　ゆうびんで⑩（　　）《おくる》
5. ⑪⑫⑬［　　　］《かんそうぶん》
6. ⑭⑮［　　］《じゅうしょ》
7. お⑯［　］《きゃく》
8. 石を⑰（　　）《ひろう》
9. ⑱⑲［　　］《ぐあい》が⑳（　　）《わるい》
10. ㉑㉒［　　］《じょげん》
11. かばんを㉓（　　）《もつ》
12. ㉔㉕［　　］《たいよう》
13. ㉖（　　）《むかう》
14. ㉗㉘［　　］《ひめい》をあげる
15. ㉙㉚［　　］《かいがん》を歩く
16. ㉛㉜［　　］《どうわ》の本
17. ㉝㉞［　　］《すいえい》の㉟㊱［　　］《れんしゅう》
18. ㊲㊳［　　］《ぎんこう》
19. ㊴㊵［　　］《もうひつ》で書く
20. ㊶㊷［　　］《しごと》が㊸（　　）《おわる》
21. ㊹㊺［　　］《きょねん》
22. ㊻［　］《み》の㊼（　　）《まわり》
23. たくさんの㊽㊾［　　］《しょうひん》
24. ㊿（　　）《まるい》テーブル

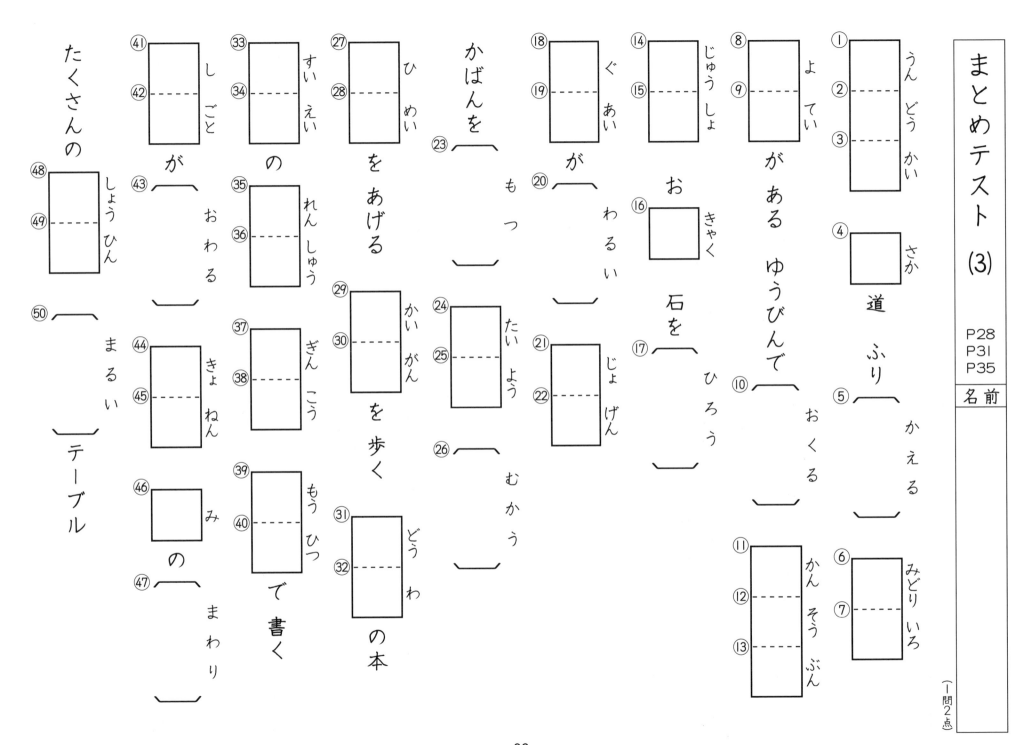

ていねいに よみがなを 書きましょう

名前

1 晴天がつづく

2 直線を引く

3 二日の休み

4 白玉のおやつ

5 読書記ろく

6 長い題名

7 友人を集める

8 目次で調べる

9 ほねの化石

10 科学読み物

ていねいに よみがなを 書きましょう

名前

1 大昔の植物

2 肉食動物

3 妹が走り回る

4 地面の様子

5 木登り名人

6 生と死

7 地球の生き物

8 都合が悪い

9 両手を上げる

10 し合に負ける

ていねいに なぞり書きを しましょう

名前

1 晴《せい》天《てん》がつづく

2 直《ちょく》線《せん》を引《ひ》く

3 二日《ふつか》の休《やす》み

4 白《しら》玉《たま》のおやつ

5 読《どく》書《しょ》記《き》ろく

6 長《なが》い題《だい》名《めい》

7 友《ゆう》人《じん》を集《あつ》める

8 目《もく》次《じ》で調《しら》べる

9 ほねの化《か》石《せき》

10 科《か》学《がく》読《よ》み物《もの》

ていねいに なぞり書きを しましょう

名前

1 大《おお》昔《むかし》の植《しょく》物《ぶつ》

2 肉《にく》食《しょく》動《どう》物《ぶつ》

3 妹《いもうと》が走《はし》り回《まわ》る

4 地《じ》面《めん》の様《よう》子《す》

5 木《き》登《のぼ》り名《めい》人《じん》

6 生《せい》と死《し》

7 地《ち》球《きゅう》の生《い》き物《もの》

8 都《つ》合《ごう》が悪《わる》い

9 両《りょう》手《て》を上《あ》げる

10 し合《あい》に負《ま》ける

かん字をていねいに書きましょう

名前

1. せいてんがつづく
2. ちょくせんをひく
3. ふつかのやすみ
4. しらたまのおやつ
5. どくしょきろく
6. ながいだいめい
7. ゆうじんをあつめる
8. もくじでしらべる
9. ほねのかせき
10. かがくよみもの

かん字をていねいに書きましょう

名前

1. おおむかしのしょくぶつ
2. にくしょくどうぶつ
3. いもうとがはしりまわる
4. じめんのようす
5. きのぼりめいじん
6. せいとし
7. ちきゅうのいきもの
8. つごうがわるい
9. りょうてをあげる
10. しあいにまける

書きじゅんに 気をつけて ていねいに 書きましょう

漢字	読み	画数	書きじゅん
対	タイ	七画	丶 亠 ナ 文 文 対 対
屋	オク / や	九画	フ コ 尸 尸 层 层 层 屋 屋
員	イン	十画	丨 冂 口 口 冃 冃 冐 冐 員 員
写	シャ / うつる うつす	五画	丶 冖 冖 写 写
真	シン / ま	十画	一 十 广 冇 冇 有 直 直 真 真

新しく出たかん字 P41～P43 の書きじゅん

名前

漢字	読み	画数	書きじゅん
祭	サイ / まつる まつり	十一画	ノ ク タ タ 夕 夘 夗 祭 祭 祭 祭

れんしゅうしましょう

対 屋 員 写 真 祭

書きじゅんに 気をつけて ていねいに 書きましょう

漢字	読み	画数	書きじゅん
部	ブ	十一画	丶 亠 亠 立 立 咅 咅 咅 部 部 部
係	ケイ / かかる かかり	九画	ノ イ 亻 仁 仫 伾 係 係 係
板	ハン バン / いた	八画	一 十 才 木 木 杤 板 板
柱	チュウ / はしら	九画	一 十 才 木 木 杧 杧 柱 柱
油	ユ / あぶら	八画	丶 丶 氵 氵 汩 油 油 油

新しく出たかん字 P41～P46 の書きじゅん

名前

漢字	読み	画数	書きじゅん
港	コウ / みなと	十二画	丶 丶 氵 汁 汁 汫 汫 洪 洪 洪 港 港

れんしゅうしましょう

部 係 板 柱 油 港

ていねいに よみがなを 書きましょう

名前

1. 父と対話する
2. 一週間は七日
3. 持ち物の用意
4. 山小屋で休む
5. 全員で行く
6. 星空に感動
7. 考えを深める
8. 本を整理する
9. 読書月間
10. 足すと引く

ていねいに よみがなを 書きましょう

名前

1. 絵と写真
2. お祭りに行く
3. 春の行事
4. 商店で買う
5. おくれた理由
6. 知らせる相手
7. 花火大会
8. 全体と部分
9. 親子のかん係
10. 漢字を書く

ていねいに なぞり書きを しましょう

名前

1. 父《ちち》と対話《たいわ》する
2. 一週間《いっしゅうかん》は七日《なのか》
3. 持《も》ち物《もの》の用意《ようい》
4. 山小屋《やまごや》で休《やす》む
5. 全員《ぜんいん》で行《い》く
6. 星空《ほしぞら》に感動《かんどう》
7. 考《かんが》えを深《ふか》める
8. 本《ほん》を整理《せいり》する
9. 読書《どくしょ》月間《げっかん》
10. 足《た》すと引《ひ》く

ていねいに なぞり書きを しましょう

名前

1. 絵《え》と写真《しゃしん》
2. お祭《まつ》りに行《い》く
3. 春《はる》の行事《ぎょうじ》
4. 商店《しょうてん》で買《か》う
5. おくれた理由《りゆう》
6. 知《し》らせる相手《あいて》
7. 花火《はなび》大会《たいかい》
8. 全体《ぜんたい》と部分《ぶぶん》
9. 親子《おやこ》のかん係《けい》
10. 漢字《かんじ》を書《か》く

かん字をていねいに書きましょう

名前

1 ちちとたいわする

2 いっしゅうかんはなのか

3 もちもののようい

4 やまごやでやすむ

5 ぜんいんでいく

6 ほしぞらにかんどう

7 かんがえをふかめる

8 ほんをせいりする

9 どくしょげっかん

10 たすとひく

かん字をていねいに書きましょう

名前

1 えとしゃしん

2 おまつりにいく

3 はるのぎょうじ

4 しょうてんでかう

5 おくれたりゆう

6 しらせるあいて

7 はなびたいかい

8 ぜんたいとぶぶん

9 おやこのかんけい

10 かんじをかく

ていねいに よみがなを 書きましょう

名前

1 調理をする

2 国語の時間

3 詩を味わう

4 歩調がそろう

5 話題をまく

6 車は左人は右

7 夏休みの作品

8 鉄板でやく

9 羽子板で遊ぶ

10 電柱を数える

ていねいに よみがなを 書きましょう

名前

1 休日を楽しむ

2 油田の発見

3 空港に着く

4 大きな柱時計

5 顔が売れる

6 頭をひねる

7 図書係の仕事

8 油絵をえがく

9 港町を歩く

10 今夜は月夜だ

ていねいになぞり書きを　しましょう

名前

1 調《ちょう》理《り》をする

2 国《こく》語《ご》の時《じ》間《かん》

3 詩《し》を味《あじ》わう

4 歩《ほ》調《ちょう》がそろう

5 話《わ》題《だい》をまく

6 車《くるま》は左《ひだり》人《ひと》は右《みぎ》

7 夏《なつ》休《やす》みの作《さく》品《ひん》

8 鉄《てっ》板《ぱん》でやく

9 羽《は》子《ご》板《いた》で遊《あそ》ぶ

10 電《でん》柱《ちゅう》を数《かぞ》える

ていねいになぞり書きを　しましょう

名前

1 休《きゅう》日《じつ》を楽《たの》しむ

2 油《ゆ》田《でん》の発《はっ》見《けん》

3 空《くう》港《こう》に着《つ》く

4 大《おお》きな柱《はしら》時《ど》計《けい》

5 顔《かお》が売《う》れる

6 頭《あたま》をひねる

7 図《と》書《しょ》係《がかり》の仕《し》事《ごと》

8 油《あぶら》絵《え》をえがく

9 港《みなと》町《まち》を歩《ある》く

10 今《こん》夜《や》は月《つき》夜《よ》だ

かん字をていねいに書きましょう

名前

1. ちょうりをする
2. こくごのじかん
3. しをあじわう
4. ほちょうがそろう
5. わだいをまく
6. くるまはひだりひとはみぎ
7. なつやすみのさくひん
8. てっぱんでやく
9. はごいたであそぶ
10. でんちゅうをかぞえる

かん字をていねいに書きましょう

名前

1. きゅうじつをたのしむ
2. ゆでんのはっけん
3. くうこうにつく
4. おおきなはしらどけい
5. かおがうれる
6. あたまをひねる
7. としょがかりのしごと
8. あぶらえをえがく
9. みなとまちをあるく
10. こんやはつきよだ

まとめテスト（4）

P39
P43
P46

名前

（一問2点）

①②□□《もくじ》で　③（　）《しらべる》

④⑤⑥□□□《はしらどけい》

⑦⑧□□《かせき》を見つける

⑨⑩□□《しょくぶつ》を　⑪（　）《あつめる》

⑫□《むし》が　⑬（　）《しぬ》し

⑭□《あい》に　⑮（　）《まける》

⑯⑰□□《ゆでん》をほる

⑱⑲□□《りょうて》を　⑳（　）《あげる》

㉑㉒□□《しゃしん》をとる

㉓㉔□□《みなとまち》

先生と　㉕㉖□□《たいわ》する

㉗㉘㉙□□□《やまごや》ですごす

㉚㉛（　）《あきまつり》

㉜㉝□□《ぜんいん》で　㉞㉟（　）《かたりあう》

かん　㊱□《けい》がある

上の　㊲㊳□□《ぶぶん》

㊴㊵□□《てっぱん》でやく　てんぷら

㊶□《あぶら》

㊷㊸㊹□□□《はごいた》

㊺㊻□□《こんや》のごはん

㊼㊽□□《くうこう》

㊾㊿□□《つごう》

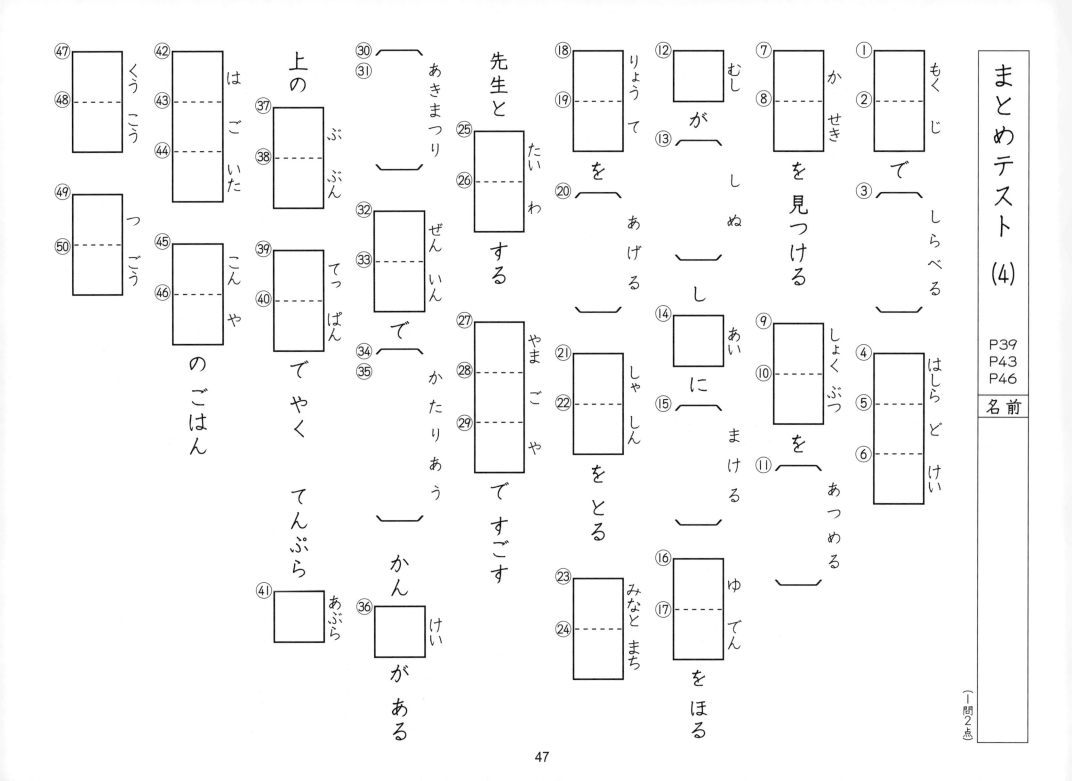

書きじゅんに 気をつけて ていねいに 書きましょう

新しく 出た かん字 P49〜P54 の書きじゅん

名 前

起	キ	おきる おこる	十画
列	レツ		六画
乗	ジョウ	のる のせる	九画
急	キュウ	いそぐ	九画
追	ツイ	おう	九画
血	ケツ	ち	六画
暗	アン	くらい	十三画
橋	キョウ	はし	十六画
暑	ショ	あつい	十二画
寒	カン	さむい	十二画

書きじゅんに 気をつけて ていねいに 書きましょう

新しく 出た かん字 P52〜P54 の書きじゅん

名 前

軽	ケイ	かるい	十二画
命	メイ	いのち	八画
第	ダイ		十一画
主	シュ	ぬし おも	五画
州	シュウ		六画
根	コン	ね	十画
流	リュウ	ながれる ながす	十画
荷		に	十画
君	クン	きみ	七画
守	シュ ス	まもる	六画

ていねいに よみがなを 書きましょう

名前

1. 登場人物
2. 遊びを教える
3. 帰り道
4. 火事が起こる
5. 父が出征《せい》する
6. お父さん
7. お兄さん
8. 目を動かす
9. 体が弱い
10. 足を開く

ていねいに よみがなを 書きましょう

名前

1. 列車に乗る
2. 風が強い
3. つないだ両手
4. 火が回る
5. 道を急ぐ
6. 追いかける
7. 血が出る
8. 家の様子
9. 暗い森の中
10. 橋をわたる

ていねいになぞり書きを　しましょう

名前

1. 登《とう》場《じょう》人《じん》物《ぶつ》
2. 遊《あそ》びを教《おし》える
3. 帰《かえ》り道《みち》
4. 火《か》事《じ》が起《お》こる
5. 父《ちち》が出《しゅっ》征《せい》する
6. お父《とう》さん
7. お兄《にい》さん
8. 目《め》を動《うご》かす
9. 体《からだ》が弱《よわ》い
10. 足《あし》を開《ひら》く

ていねいになぞり書きを　しましょう

名前

1. 列《れっ》車《しゃ》に乗《の》る
2. 風《かぜ》が強《つよ》い
3. つないだ両《りょう》手《て》
4. 火《ひ》が回《まわ》る
5. 道《みち》を急《いそ》ぐ
6. 追《お》いかける
7. 血《ち》が出《で》る
8. 家《いえ》の様《よう》子《す》
9. 暗《くら》い森《もり》の中《なか》
10. 橋《はし》をわたる

かん字をていねいに書きましょう

名前

1. とうじょうじんぶつ
2. あそびをおしえる
3. かえりみち
4. かじがおこる
5. ちちがしゅっせいする
6. おとうさん
7. おにいさん
8. めをうごかす
9. からだがよわい
10. あしをひらく

かん字をていねいに書きましょう

名前

1. れっしゃにのる
2. かぜがつよい
3. つないだりょうて
4. ひがまわる
5. みちをいそぐ
6. おいかける
7. ちがでる
8. いえのようす
9. くらいもりのなか
10. はしをわたる

ていねいに　よみがなを　書きましょう

名前

1. 部屋に入る
2. 暑い夏
3. 寒い冬
4. 明るい光
5. 見上げた空
6. 一面あかね色
7. 軽いかばん
8. 短い命
9. 動作を表す
10. 第三場面

ていねいに　よみがなを　書きましょう

名前

1. 明らかな理由
2. 主語の言葉
3. 九州地方
4. 赤い風船
5. 屋根に上る
6. 雨水が流れる
7. 荷物を持つ
8. 友人の山下君
9. 決まりを守る
10. 新米を食べる

ていねいに なぞり書きを しましょう

名前

1 部屋《へや》に入《はい》る

2 暑《あつ》い夏《なつ》

3 寒《さむ》い冬《ふゆ》

4 明《あか》るい光《ひかり》

5 見《み》上《あ》げた空《そら》

6 一面《いちめん》あかね色《いろ》

7 軽《かる》いかばん

8 短《みじか》い命《いのち》

9 動作《どうさ》を表《あらわ》す

10 第三場面《だいさんばめん》

ていねいに なぞり書きを しましょう

名前

1 明《あき》らかな理由《りゆう》

2 主語《しゅご》の言葉《ことば》

3 九州地方《きゅうしゅうちほう》

4 赤《あか》い風船《ふうせん》

5 屋根《やね》に上《のぼ》る

6 雨水《あまみず》が流《なが》れる

7 荷物《にもつ》を持《も》つ

8 友人《ゆうじん》の山下君《やましたくん》

9 決《き》まりを守《まも》る

10 新米《しんまい》を食《た》べる

かん字をていねいに書きましょう

名前

1. へやにはいる
2. あついなつ
3. さむいふゆ
4. あかるいひかり
5. みあげたそら
6. いちめんあかねいろ
7. かるいかばん
8. みじかいいのち
9. どうさをあらわす
10. だいさんばめん

かん字をていねいに書きましょう

名前

1. あきらかなりゆう
2. しゅごのことば
3. きゅうしゅうちほう
4. あかいふうせん
5. やねにのぼる
6. あまみずがながれる
7. にもつをもつ
8. ゆうじんのやましたくん
9. きまりをまもる
10. しんまいをたべる

書きじゅんに 気をつけて ていねいに 書きましょう

新しく 出た かん字 P56～P58 の書きじゅん

進《シン》《すすむ すすめる》	役《ヤク》	他《タ》《ほか》	豆《トウ ズ》《まめ》	者《シャ》《もの》
十一画	七画	五画	七画	八画
進 進 進	役 役 役	他 他 他	豆 豆 豆	者 者 者

名前

れんしゅうしましょう

者	豆	他	役	進
者	豆	他	役	進
者	豆	他	役	進

書きじゅんに 気をつけて ていねいに 書きましょう

新しく 出た かん字 P56～P58 の書きじゅん

育《イク》《そだてる はぐくむ》	消《ショウ》《きえる けす》	取《シュ》《とる》	期《キ》	畑《はた はたけ》
八画	十画	八画	十二画	九画
育 育 育	消 消 消	取 取 取	期 期 期	畑 畑 畑

名前

れんしゅうしましょう

畑	期	取	消	育
畑	期	取	消	育
畑	期	取	消	育

ていねいに よみがなを 書きましょう

名前

1. 読み聞かせる
2. 行進する
3. 役わりを整理
4. 音読の進め方
5. タイムを計る
6. 他の意見
7. 毎日の食事
8. 大豆を食べる
9. 筆者の文章
10. 朝顔が育つ

ていねいに よみがなを 書きましょう

名前

1. 消化が悪い
2. 豆をまく
3. 取り出す
4. 寒い時期
5. 日光に当てる
6. 畑の土
7. 空の写真
8. 牛肉がすき
9. 読み返す
10. 下書きをする

ていねいになぞり書きをしましょう

名前

1 読《よ》み聞《き》かせる
2 行進《こうしん》する
3 役《やく》わりを整理《せいり》
4 音読《おんどく》の進《すす》め方《かた》
5 タイムを計《はか》る
6 他《ほか》の意見《いけん》
7 毎日《まいにち》の食事《しょくじ》
8 大豆《だいず》を食《た》べる
9 筆者《ひっしゃ》の文章《ぶんしょう》
10 朝顔《あさがお》が育《そだ》つ

ていねいになぞり書きをしましょう

名前

1 消化《しょうか》が悪《わる》い
2 豆《まめ》をまく
3 取《と》り出《だ》す
4 寒《さむ》い時期《じき》
5 日光《にっこう》に当《あ》てる
6 畑《はたけ》の土《つち》
7 空《そら》の写真《しゃしん》
8 牛肉《ぎゅうにく》がすき
9 読《よ》み返《かえ》す
10 下《した》書《が》きをする

かん字をていねいに書きましょう

名前

1 よみきかせる
2 こうしんする
3 やくわりをせいり
4 おんどくのすすめかた
5 タイムをはかる
6 ほかのいけん
7 まいにちのしょくじ
8 だいずをたべる
9 ひっしゃのぶんしょう
10 あさがおがそだつ

かん字をていねいに書きましょう

名前

1 しょうかがわるい
2 まめをまく
3 とりだす
4 さむいじき
5 にっこうにあてる
6 はたけのつち
7 そらのしゃしん
8 ぎゅうにくがすき
9 よみかえす
10 したがきをする

まとめテスト (5)

P51
P54
P58

名前

（一問2点）

①②□□《れっしゃ》に ③〔　〕《のる》

④□《ち》 ⑤〔　〕《とる》

お⑥□《とう》さん

⑦⑧□□《ひっしゃ》

⑨〔　〕《おこる》

⑩〔　〕《すすむ》

⑪〔　〕《おいかける》

お⑫□《にい》さん

⑬□《ほか》の人

⑭〔　〕《いそぐ》

⑮〔　〕《くらい》

⑯□《みち》

⑰□《はし》をわたる

⑱〔　〕《あつい》

⑲□《はたけ》

⑳〔　〕《さむい》

㉑□《あさ》

㉒〔　〕《かるい》

㉓㉔□□《にもつ》

㉕□《いのち》を ㉖〔　〕《まもる》

㉗□《ぶん》の㉘㉙□□《しゅご》

㉚□《だい》三の㉛㉜□□《ばめん》

㉝㉞□□《しんまい》を食べる

㉟㊱□□《きゅうしゅう》に行く

㊲〔　〕《ながれ》がはやい

㊳□《きみ》

㊴㊵□□《じき》

㊶㊷□□《やね》の上

㊸㊹□□《ふうせん》をとばす

㊺㊻□□《しょうか》がよい

㊼□《やく》わりを決める

㊽㊾□□《だいず》を ㊿〔　〕《そだてる》

書きじゅんに 気をつけて ていねいに 書きましょう

新しく出たかん字 P61〜P66 の書きじゅん

名前

福《フク》	十三画
苦《ク》《くるしい》《にがい》	八画
倍《バイ》	十画
談《ダン》	十五画
鼻《はな》	十四画
歯《シ》《は》	十二画
階《カイ》	十二画
央《オウ》	五画
旅《リョ》《たび》	十画

書きじゅんに 気をつけて ていねいに 書きましょう

新しく出たかん字 P64〜P66 の書きじゅん

名前

委《イ》《ゆだねる》	八画
級《キュウ》	九画
昭《ショウ》	九画
和《ワ》	八画
駅《エキ》	十四画
業《ギョウ》	十三画
皮《ヒ》《かわ》	五画
皿《さら》	五画

ていねいに よみがなを 書きましょう

名前

1. 福は内
2. 苦ろうする
3. 短い言葉
4. 石橋をわたる
5. 多少のちがい
6. 五十歩百歩
7. 由来を調べる
8. 五の二倍は十
9. 相談にのる
10. 鼻歌交じり

ていねいに よみがなを 書きましょう

名前

1. 男女を混《ま》ぜる
2. 漢字の意味
3. 発音が同じ
4. 右の絵
5. かわいい人形
6. 子どもの歯
7. 小さい木の葉
8. 西日が当たる
9. 火に当たる
10. 物音がする

ていねいに なぞり書きを しましょう

名前

1. 福《ふく》は内《うち》
2. 苦《く》ろうする
3. 短《みじか》い言葉《ことば》
4. 石橋《いしばし》をわたる
5. 多少《たしょう》のちがい
6. 五《ご》十《じっ》歩《ぽ》百《ひゃっ》歩《ぽ》
7. 由来《ゆらい》を調《しら》べる
8. 五《ご》の二《に》倍《ばい》は十《じゅう》
9. 相談《そうだん》にのる
10. 鼻歌《はなうた》交《ま》じり

ていねいに なぞり書きを しましょう

名前

1. 男女《だんじょ》を混《ま》ぜる
2. 漢字《かんじ》の意味《いみ》
3. 発音《はつおん》が同《おな》じ
4. 右《みぎ》の絵《え》
5. かわいい人形《にんぎょう》
6. 子《こ》どもの歯《は》
7. 小《ちい》さい木《こ》の葉《は》
8. 西日《にしび》が当《あ》たる
9. 火《ひ》に当《あ》たる
10. 物音《ものおと》がする

かん字をていねいに書きましょう

名前

1. ふくはうち
2. くろうする
3. みじかいことば
4. いしばしをわたる
5. たしょうのちがい
6. ごじっぽひゃっぽ
7. ゆらいをしらべる
8. ごのにばいはじゅう
9. そうだんにのる
10. はなうたまじり

かん字をていねいに書きましょう

名前

1. だんじょをまぜる　混
2. かんじのいみ
3. はつおんがおなじ
4. みぎのえ
5. かわいいにんぎょう
6. こどものは
7. ちいさいこのは
8. にしびがあたる
9. ひにあたる
10. ものおとがする

ていねいに よみがなを 書きましょう

名前

1. 汽車の仕組み
2. 山火事の発見
3. 家事手つだい
4. 階下へ下りる
5. 公園の中央
6. 海外旅行
7. 学級委員会
8. 新聞の仕事
9. 昭和の生まれ
10. 駅前の大通り

ていねいに よみがなを 書きましょう

名前

1. 意味が分かる
2. 先生に教わる
3. 消火作業
4. 皮むきをする
5. 皿をあらう
6. 短歌を作る
7. 調子を上げる
8. 虫の鳴き声
9. 悲しい顔
10. 電池を使う

ていねいに なぞり書きを しましょう

名前

1. 汽《き》車《しゃ》の仕《し》組《く》み
2. 山《やま》火《か》事《じ》の発《はっ》見《けん》
3. 家《か》事《じ》手《て》つだい
4. 階《かい》下《か》へ下《お》りる
5. 公《こう》園《えん》の中《ちゅう》央《おう》
6. 海《かい》外《がい》旅《りょ》行《こう》
7. 学《がっ》級《きゅう》委《い》員《いん》会《かい》
8. 新《しん》聞《ぶん》の仕《し》事《ごと》
9. 昭《しょう》和《わ》の生《う》まれ
10. 駅《えき》前《まえ》の大《おお》通《どお》り

ていねいに なぞり書きを しましょう

名前

1. 意《い》味《み》が分《わ》かる
2. 先《せん》生《せい》に教《おそ》わる
3. 消《しょう》火《か》作《さ》業《ぎょう》
4. 皮《かわ》むきをする
5. 皿《さら》をあらう
6. 短《たん》歌《か》を作《つく》る
7. 調《ちょう》子《し》を上《あ》げる
8. 虫《むし》の鳴《な》き声《ごえ》
9. 悲《かな》しい顔《かお》
10. 電《でん》池《ち》を使《つか》う

かん字をていねいに書きましょう

名前

1. きしゃのしくみ
2. やまかじのはっけん
3. かじてつだい
4. かいかへおりる
5. こうえんのちゅうおう
6. かいがいりょこう
7. がっきゅういいんかい
8. しんぶんのしごと
9. しょうわのうまれ
10. えきまえのおおどおり

かん字をていねいに書きましょう

名前

1. いみがわかる
2. せんせいにおそわる
3. しょうかさぎょう
4. かわむきをする
5. さらをあらう
6. たんかをつくる
7. ちょうしをあげる
8. むしのなきごえ
9. かなしいかお
10. でんちをつかう

書きじゅんに 気をつけて ていねいに 書きましょう

新しく出たかん字 P68～P70の書きじゅん

名前

飲 イン のむ	重 ジュウ チョウ おもい・え かさなる	配 ハイ くばる	度 ド	幸 コウ さいわい しあわせ	始 シ はじめる はじまる
十二画	九画	十画	九画	八画	八画
飲 飲 飲	重 重 重	配 配 配	度 度 度	幸 幸 幸	始 始 始

れんしゅうしましょう

飲	重	配	度	幸	始
飲	重	配	度	幸	始
飲	重	配	度	幸	始

書きじゅんに 気をつけて ていねいに 書きましょう

新しく出たかん字 P68～P70の書きじゅん

名前

息 ソク いき	美 ビ うつくしい	転 テン ころがる ころぶ	病 ビョウ やまい	医 イ	薬 ヤク くすり
十画	九画	十一画	十画	七画	十六画
息 息 息	美 美 美	転 転 転	病 病 病	医 医 医	薬 薬 薬

れんしゅうしましょう

息	美	転	病	医	薬
息	美	転	病	医	薬
息	美	転	病	医	薬

ていねいに よみがなを 書きましょう

名前

1. ため息が出る
2. 美しい色
3. 星が光る
4. とうげで転ぶ
5. 空が暗い
6. 急ぎ足
7. 病気がなおる
8. 医者にかかる
9. 薬を飲む
10. 水車小屋

ていねいに よみがなを 書きましょう

名前

1. 重い石
2. 心配する
3. 真っ青な空
4. 早ね早起き
5. 二度転ぶ
6. 長生きな人
7. 幸せにくらす
8. 新たにする
9. 話の始まり
10. 様子の表し方

ていねいに なぞり書きを しましょう

名前

1 ため息《いき》が出《で》る

2 美《うつく》しい色《いろ》

3 星《ほし》が光《ひか》る

4 とうげで転《ころ》ぶ

5 空《そら》が暗《くら》い

6 急《いそ》ぎ足《あし》

7 病《びょう》気《き》がなおる

8 医《い》者《しゃ》にかかる

9 薬《くすり》を飲《の》む

10 水《すい》車《しゃ》小《ご》屋《や》

ていねいに なぞり書きを しましょう

名前

1 重《おも》い石《いし》

2 心《しん》配《ぱい》する

3 真《ま》っ青《さお》な空《そら》

4 早《はや》ね早《はや》起《お》き

5 二《に》度《ど》転《ころ》ぶ

6 長《なが》生《い》きな人《ひと》

7 幸《しあわ》せにくらす

8 新《あら》たにする

9 話《はなし》の始《はじ》まり

10 様《よう》子《す》の表《あらわ》し方《かた》

かん字をていねいに書きましょう

名前

1. ためいきがでる
2. うつくしいいろ
3. ほしがひかる
4. とうげでころぶ
5. そらがくらい
6. いそぎあし
7. びょうきがなおる
8. いしゃにかかる
9. くすりをのむ
10. すいしゃごや

かん字をていねいに書きましょう

名前

1. おもいいし
2. しんぱいする
3. まっさおなそら
4. はやねはやおき
5. にどころぶ
6. ながいきなひと
7. しあわせにくらす
8. あらたにする
9. はなしのはじまり
10. ようすのあらわしかた

まとめテスト(6)

P63
P66
P70

名前

(1問2点)

①□《ふく》の神　②□《く》ろうをかける　二③□《ばい》の④□《かず》

⑤□《はな》がつまる　⑥⑦□□《にかい》に⑧〔　〕《あがる》　⑨□《えき》の⑩⑪□□《ちゅうおう》

⑫⑬□□《そうだん》をする　⑭⑮□□《りょこう》する　⑯⑰□□《しょうわ》⑱〔　〕《うまれ》

⑲□《は》みがき　⑳㉑㉒□□□《いいんかい》　㉓㉔□□《でんち》　㉕□《かわ》むき

㉖㉗□□《さぎょう》　㉘〔　〕《おそわる》　㉙㉚□□《たんか》　㉛□《いき》

㉜□《さら》あらい　㉝〔　〕《うつくしい》けしき　㉞□《くすり》を㉟〔　〕《のむ》

すべって㊱〔　〕《ころぶ》　㊲㊳□□《びょうき》で　㊴㊵□□《いしゃ》にかかる

㊶〔　〕《おもい》石　㊷㊸□□《しんぱい》する　㊹㊺□□《なんど》もやる

㊻〔　〕《しあわせ》になる　㊼㊽□□《がっきゅう》　㊾〔　〕《はじまる》　心を㊿〔　〕《あらた》にする

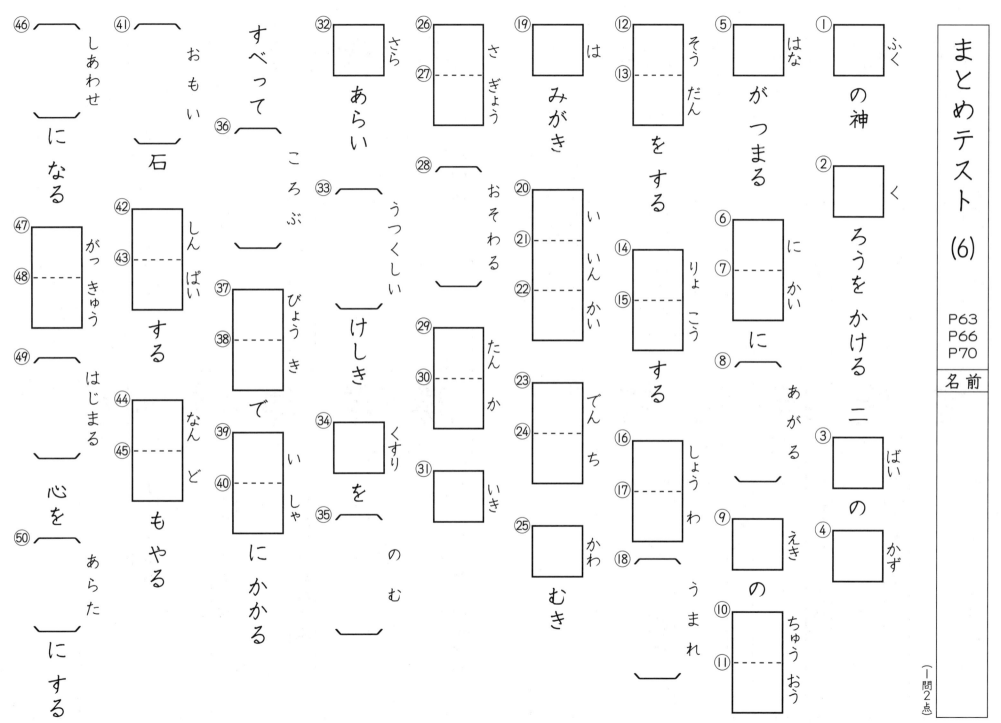

書きじゅんに 気をつけて ていねいに 書きましょう

新しく 出た かん字 P73～P75 の書きじゅん

名前

島	トウ しま	十画	ノ 𠂆 户 白 自 鳥 鳥 鳥 島 島
待	タイ まつ	九画	ノ ㇒ 彳 彳 彳 往 往 待 待
受	ジュ うける うかる	八画	一 ⺈ ⺈ 爫 爫 爫 受 受
代	ダイ タイ かわる よ	五画	ノ イ 仁 代 代
曲	キョク まがる まげる	六画	丨 冂 巾 曲 曲 曲
投	トウ なげる	七画	一 十 才 扌 扎 投 投
炭	タン すみ	九画	丨 山 山 屵 屵 岸 岸 炭 炭
庫	コ	十画	丶 亠 广 广 庐 庐 庐 庐 库 庫
羊	ヨウ ひつじ	六画	丶 丷 䒑 兰 兰 羊
勝	ショウ かつ	十二画	丿 刀 月 月 月 月 胖 胖 胖 胖 勝 勝

書きじゅんに 気をつけて ていねいに 書きましょう

新しく 出た かん字 P73～P78 の書きじゅん

名前

宿	シュク やど やどる	十一画	丶 丷 宀 宀 宀 宀 宀 宿 宿 宿 宿
丁	チョウ	二画	一 丁
帳	チョウ はる	十一画	丨 口 巾 巾 帄 帄 帄 帄 帐 帳 帳
宮	キュウ みや	十画	丶 丷 宀 宀 宀 宀 宀 宫 宮 宮
院	イン	十画	㇇ 阝 阝 阝 阝 阝 阝 阝 院 院
笛	テキ ふえ	十一画	ノ ㇒ ⺮ ⺮ ⺮ ⺮ 竺 笛 笛 笛 笛
礼	レイ	五画	丶 ラ ネ ネ 礼
研	ケン	九画	一 ア 石 石 石 石 石 研 研
究	キュウ	七画	丶 丷 宀 穴 穴 究 究
庭	テイ にわ	十画	丶 亠 广 广 庄 庄 庄 庭 庭 庭

ていねいに よみがなを 書きましょう

名前

1 島に行く

2 待ち受ける

3 家に帰る道

4 毎日登校する

5 地図を落とす

6 足を温める

7 一面の銀世界

8 楽しい雪遊び

9 詩を作ろう

10 千羽づる

ていねいに よみがなを 書きましょう

名前

1 美しい千代紙

2 右に曲がる

3 球を投げる

4 大すきな投手

5 石炭は黒い

6 運転手になる

7 電車の車庫

8 羊毛ふとん

9 旅先の宿

10 勝負に勝つ

ていねいに なぞり書きを しましょう

名前

1. 島《しま》に行《い》く
2. 待《ま》ち受《う》ける
3. 家《いえ》に帰《かえ》る道《みち》
4. 毎日《まいにち》登校《とうこう》する
5. 地図《ちず》を落《お》とす
6. 足《あし》を温《あたた》める
7. 一面《いちめん》の銀世界《ぎんせかい》
8. 楽《たの》しい雪遊《ゆきあそ》び
9. 詩《し》を作《つく》ろう
10. 千羽《せんば》づる

ていねいに なぞり書きを しましょう

名前

1. 美《うつく》しい千代紙《ちよがみ》
2. 右《みぎ》に曲《ま》がる
3. 球《たま》を投《な》げる
4. 大《だい》すきな投手《とうしゅ》
5. 石炭《せきたん》は黒《くろ》い
6. 運転手《うんてんしゅ》になる
7. 電車《でんしゃ》の車庫《しゃこ》
8. 羊毛《ようもう》ふとん
9. 旅先《たびさき》の宿《やど》
10. 勝負《しょうぶ》に勝《か》つ

かん字をていねいに書きましょう

名前

1. しまにいく
2. まちうける
3. いえにかえるみち
4. まいにちとうこうする
5. ちずをおとす
6. あしをあたためる
7. いちめんのぎんせかい
8. たのしいゆきあそび
9. しをつくろう
10. せんばづる

かん字をていねいに書きましょう

名前

1. うつくしいちよがみ
2. みぎにまがる
3. たまをなげる
4. だいすきなとうしゅ
5. せきたんはくろい
6. うんてんしゅになる
7. でんしゃのしゃこ
8. ようもうふとん
9. たびさきのやど
10. しょうぶにかつ

ていねいに よみがなを 書きましょう

名前

1 宿題をする

2 昼食の用意

3 とうふ一丁

4 大切な日記帳

5 宮大工のわざ

6 有名な寺院

7 きれいな口笛

8 汽笛が鳴る

9 お礼を言う

10 公園で遊ぶ

ていねいに よみがなを 書きましょう

名前

1 こん虫の研究

2 庭の草花

3 行列を作る

4 戸が外れる

5 行く手を指す

6 体の仕組み

7 細かなすな

8 線が交わる

9 話題が同じ

10 感想文を読む

ていねいになぞり書きを　しましょう

名前

1 宿題《しゅくだい》をする

2 昼食《ちゅうしょく》の用意《ようい》

3 とうふ一丁《いっちょう》

4 大切《たいせつ》な日記帳《にっきちょう》

5 宮大工《みやだいく》のわざ

6 有名《ゆうめい》な寺院《じいん》

7 きれいな口笛《くちぶえ》

8 汽笛《きてき》が鳴《な》る

9 お礼《れい》を言《い》う

10 公園《こうえん》で遊《あそ》ぶ

ていねいになぞり書きを　しましょう

名前

1 こん虫《ちゅう》の研究《けんきゅう》

2 庭《にわ》の草花《くさばな》

3 行列《ぎょうれつ》を作《つく》る

4 戸《と》が外《はず》れる

5 行《ゆ》く手《て》を指《さ》す

6 体《からだ》の仕《し》組《く》み

7 細《こま》かなすな

8 線《せん》が交《まじ》わる

9 話題《わだい》が同《おな》じ

10 感想文《かんそうぶん》を読《よ》む

かん字をていねいに書きましょう

名前

1 しゅくだいをする

2 ちゅうしょくのようい

3 とうふいっちょう

4 たいせつなにっきちょう

5 みやだいくのわざ

6 ゆうめいなじいん

7 きれいなくちぶえ

8 きてきがなる

9 おれいをいう

10 こうえんであそぶ

かん字をていねいに書きましょう

名前

1 こんちゅうのけんきゅう

2 にわのくさばな

3 ぎょうれつをつくる

4 とがはずれる

5 ゆくてをさす

6 からだのしくみ

7 こまかなすな

8 せんがまじわる

9 わだいがおなじ

10 かんそうぶんをよむ

書きじゅんに 気をつけて ていねいに 書きましょう

新しく出たかん字 P80～P82の書きじゅん

名前

放《ホウ はなす ほうる》 八画

打《ダ うつ》 五画

速《ソク はやい はやまる》 十画

神《シン ジン かみ》 九画

箱《はこ》 十五画

湯《トウ ゆ》 十二画

れんしゅうしましょう

湯	箱	神	速	打	放
湯	箱	神	速	打	放
湯	箱	神	速	打	放

書きじゅんに 気をつけて ていねいに 書きましょう

新しく出たかん字 P80～P82の書きじゅん

名前

等《トウ ひとしい》 十二画

湖《コ みずうみ》 十二画

注《チュウ そそぐ》 八画

反《ハン そる そらす》 四画

波《ハ なみ》 八画

勉《ベン》 十画

れんしゅうしましょう

勉	波	反	注	湖	等
勉	波	反	注	湖	等
勉	波	反	注	湖	等

ていねいに よみがなを 書きましょう

名前

1. 秋の運動会
2. 全力を出す
3. 一等をとる
4. 池と湖
5. 前方注意
6. お姉さん
7. 反対の方向
8. 場内放送
9. 国語の勉強
10. 見えない電波

ていねいに よみがなを 書きましょう

名前

1. ボールを打つ
2. 昼に帰社する
3. 足が速い
4. 正門に近づく
5. 神様の祭り
6. 十日と二十日
7. 坂道を下る
8. 薬箱を持つ
9. 月明かり
10. 茶わんのお湯

ていねいに
なぞり書きを　しましょう

名前

1 秋《あき》の運《うん》動《どう》会《かい》

2 全《ぜん》力《りょく》を出《だ》す

3 一《いっ》等《とう》をとる

4 池《いけ》と湖《みずうみ》

5 前《ぜん》方《ぽう》注《ちゅう》意《い》

6 お姉《ねえ》さん

7 反《はん》対《たい》の方《ほう》向《こう》

8 場《じょう》内《ない》放《ほう》送《そう》

9 国《こく》語《ご》の勉《べん》強《きょう》

10 見《み》えない電《でん》波《ぱ》

ていねいに
なぞり書きを　しましょう

名前

1 ボールを打《う》つ

2 昼《ひる》に帰《き》社《しゃ》する

3 足《あし》が速《はや》い

4 正《せい》門《もん》に近《ちか》づく

5 神《かみ》様《さま》の祭《まつ》り

6 十日《とおか》と二十日《はつか》

7 坂《さか》道《みち》を下《くだ》る

8 薬《くすり》箱《ばこ》を持《も》つ

9 月《つき》明《あ》かり

10 茶《ちゃ》わんのお湯《ゆ》

かん字をていねいに書きましょう

名前

1 あきのうんどうかい

2 ぜんりょくをだす

3 いっとうをとる

4 いけとみずうみ

5 ぜんぽうちゅうい

6 おねえさん

7 はんたいのほうこう

8 じょうないほうそう

9 こくごのべんきょう

10 みえないでんぱ

かん字をていねいに書きましょう

名前

1 ボールをうつ

2 ひるにきしゃする

3 あしがはやい

4 せいもんにちかづく

5 かみさまのまつり

6 とおかとはつか

7 さかみちをくだる

8 くすりばこをもつ

9 つきあかり

10 ちゃわんのおゆ

まとめテスト (7)

P75
P78
P82

名前

（一問2点）

①□《しま》にわたる　お②□《ねえ》さんを③〔　〕《まつ》　しけんを④〔　〕《うける》

⑤□《ち》⑥□《よ》⑦□《がみ》をおる　⑧〔　〕《まがり》かど　⑨□《せき》⑩□《たん》をほる

⑪□《よう》⑫□《もう》のセーター　⑬□《しゃ》⑭□《こ》に入れる　⑮□《やど》にとまる

⑯□《にっ》⑰□《き》⑱□《ちょう》に書く　ボールを⑲〔　〕《なげる》　⑳□《いっ》㉑□《ちょう》㉒□《め》

㉓□《しょう》㉔□《ぶ》　㉕〔　〕《うつ》　㉖□《はん》㉗□《たい》する　㉘□《ほう》㉙□《そう》

㉚□《みや》まいり　㉛〔　〕《はやさ》　㉜□《じ》㉝□《いん》　㉞□《くち》㉟□《ぶえ》をふく

お㊱□《れい》　㊲□《けん》㊳□《きゅう》　㊴□《にわ》を歩く　㊵□《みずうみ》のほとり

車に㊶□《ちゅう》㊷□《い》する　㊸〔　〕《ひとしい》長さ　お㊹□《ゆ》を㊺〔　〕《そそぐ》

高い㊻□《なみ》　㊼□《くすり》㊽□《ばこ》　㊾□《かみ》㊿□《さま》

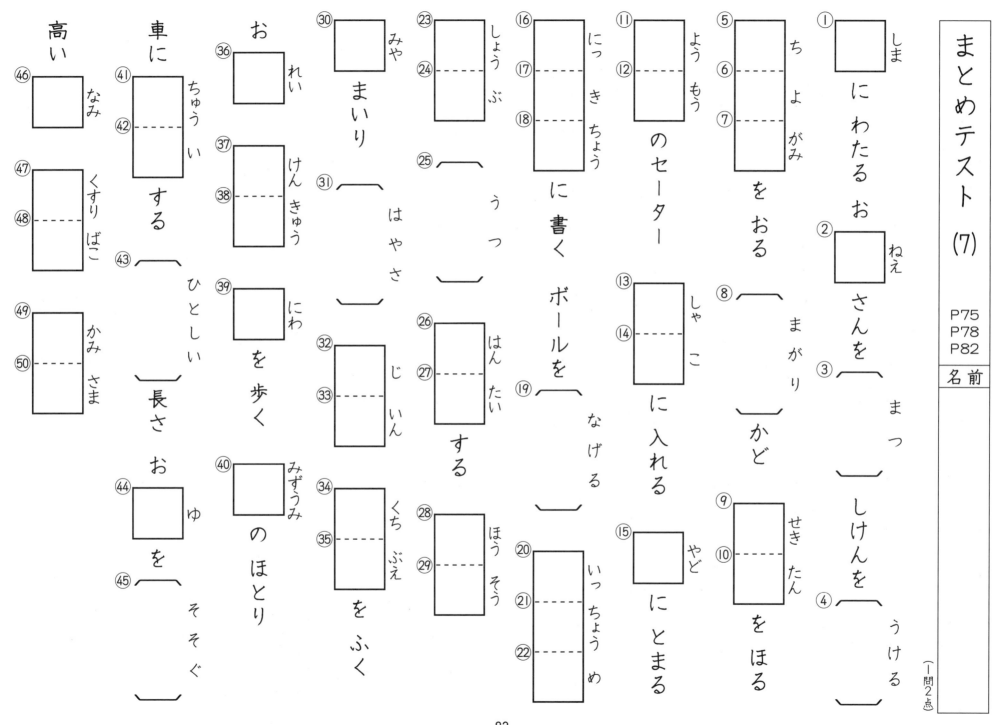

ていねいに よみがなを 書きましょう

名前

1. 調子に乗る
2. 大切な場所
3. 二十四時間
4. 名前を言う
5. 決めた日時
6. 写真の使い方
7. 題名を書く
8. 主人公の登場
9. 語り手になる
10. 行動力がある

ていねいに よみがなを 書きましょう

名前

1. 出来事を書く
2. 相手の都合
3. 言葉の由来
4. 雪明かり
5. 油を買う
6. 本の世界
7. 学習の様子
8. 組み立てる
9. 文章を読む
10. 物語の場面

ていねいに なぞり書きを しましょう

名前

1 調《ちょう》子《し》に乗《の》る

2 大《たい》切《せつ》な場《ば》所《しょ》

3 二《に》十《じゅう》四《よ》時《じ》間《かん》

4 名《な》前《まえ》を言《い》う

5 決《き》めた日《にち》時《じ》

6 写《しゃ》真《しん》の使《つか》い方《かた》

7 題《だい》名《めい》を書《か》く

8 主《しゅ》人《じん》公《こう》の登《とう》場《じょう》

9 語《かた》り手《て》になる

10 行《こう》動《どう》力《りょく》がある

ていねいに なぞり書きを しましょう

名前

1 出《で》来《き》事《ごと》を書《か》く

2 相《あい》手《て》の都《つ》合《ごう》

3 言《こと》葉《ば》の由《ゆ》来《らい》

4 雪《ゆき》明《あ》かり

5 油《あぶら》を買《か》う

6 本《ほん》の世《せ》界《かい》

7 学《がく》習《しゅう》の様《よう》子《す》

8 組《く》み立《た》てる

9 文《ぶん》章《しょう》を読《よ》む

10 物《もの》語《がたり》の場《ば》面《めん》

かん字をていねいに書きましょう

名前

1 ちょうしにのる

2 たいせつなばしょ

3 にじゅうよじかん

4 なまえをいう

5 きめたにちじ

6 しゃしんのつかいかた

7 だいめいをかく

8 しゅじんこうのとうじょう

9 かたりてになる

10 こうどうりょくがある

かん字をていねいに書きましょう

名前

1 できごとをかく

2 あいてのつごう

3 ことばのゆらい

4 ゆきあかり

5 あぶらをかう

6 ほんのせかい

7 がくしゅうのようす

8 くみたてる

9 ぶんしょうをよむ

10 ものがたりのばめん

三年生のまとめテスト(1)

名前

(新出漢字50問　一問2点)

①②□《どうぶつ》

③（　）《つかう》

家④□《ぞく》

図書⑤□《かん》

⑥□《し》を書く

⑦□《は》っぱ

本を⑧（　）《ひらく》

⑨⑩□《はっぴょう》

木の⑪□《み》

記⑫□《ごう》

⑬（　）《すむ》

⑭（　）《うける》

⑮□《のう》家

⑯□《かん》字

⑰□《よう》子

文⑱⑲⑳□《しょうもんだい》

㉑□《むかし》

あま㉒□《さけ》

㉓（　）《ふかい》

㉔㉕□《いみ》

㉖㉗□《へいめん》

㉘（　）《しらべる》

㉙（　）《おとす》

㉚㉛□《ようふく》

㉜□《は》

㉝㉞㉟□《ぎんせかい》

たてと㊱□《よこ》

㊲□《つぎ》の㊳□《ところ》

水道㊴□《きょく》

親㊵□《ゆび》

かき㊶□《ごおり》

野㊷□《きゅう》

㊸（　）《あそぶ》

青森㊹□《けん》

六十㊺□《びょう》

つくえの㊻□《せい》理

学㊼□《しゅう》

㊽（　）《みじかい》

㊾□《ぜん》体

㊿□《てつ》ぼう

三年生のまとめテスト(2)

名前

（新出漢字50問　1問2点）

①□《しょう》②□《ひん》　③〔　〕《あたたかい》　自④□《ゆう》になる　駅に⑤〔　〕《つく》

⑥□《ゆう》名　⑦□《あい》手を⑧〔　〕《きめる》　⑨□《あん》⑩□《てい》　電⑪□《ちゅう》

⑫□《とう》場する　⑬□《しゃ》⑭□《しん》　⑮□《ゆ》田　⑯□《うん》動会

まな⑰□《いた》　⑱□《し》⑲□《ごと》　⑳□《かん》㉑□《そう》文　㉒□《みどり》の絵の㉓□《ぐ》

㉔□《よ》定　㉕〔　〕《ひろい》上げる　㉖□《さか》道　㉗□《ひ》鳴

㉘〔　〕《およぎ》の㉙□《れん》習　海㉚□《がん》に㉛〔　〕《むかう》　㉜〔　〕《わるい》ゆめ

バスの㉝□《ろ》線　太㉞□《よう》　㉟□《どう》話　お㊱□《きゃく》　えん㊲□《ぴつ》

㊳□《く》切り　㊴□《み》の回り　空㊵□《こう》　㊶□《きょ》年　入学㊷□《しき》

㊸□《もう》しこみ　㊹〔　〕《おわり》　本を㊺〔　〕《かえす》　㊻〔　〕《もつ》

㊼□《じょ》言　㊽□《しょく》物　㊾□《つ》合　㊿□《りょう》手

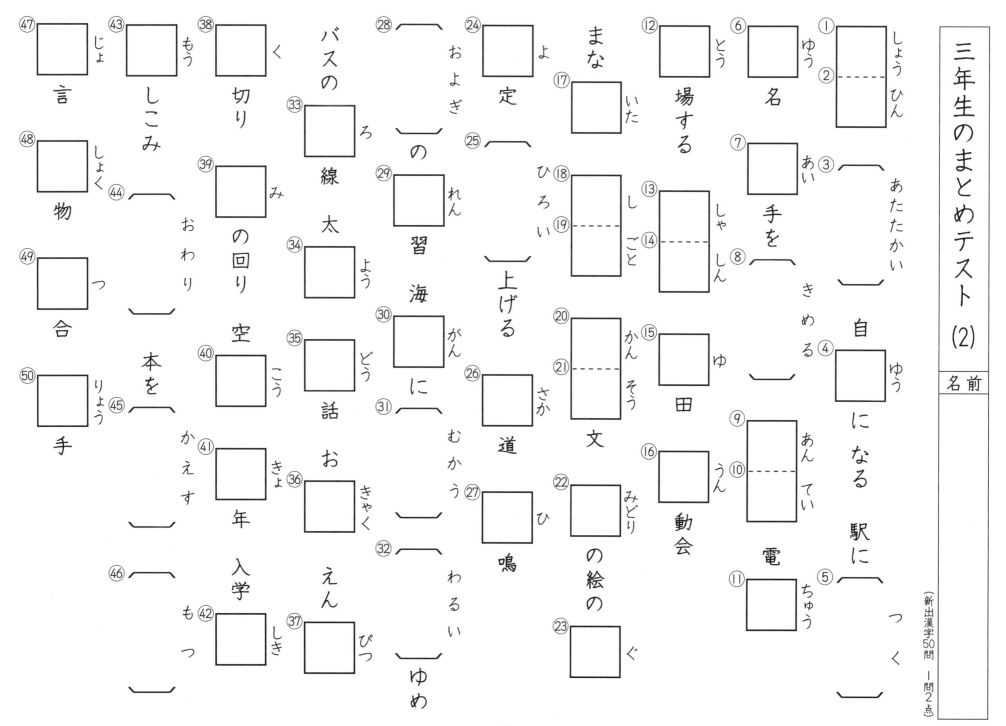

三年生のまとめテスト(3)

名前

(新出漢字50問　1問2点)

ゆうびんで　①〔　〕《おくる》　②〔　〕《あつめる》　山小③□《や》　早④〔　〕《おき》

⑤□《か》石　⑥〔　〕《まける》　全⑦□《いん》　⑧〔　〕《いそいで》　⑨〔　〕《おいかける》

⑩〔　〕《しぬ》　秋　⑪〔　〕《まつり》　⑫□《れっ》車に　⑬〔　〕《のる》　⑭〔　〕《くらい》

一組　⑮□《たい》　二組　⑯□《はな》⑰□《ぢ》　⑱□《いのち》が　⑲□《だい》一　⑳〔　〕《ながれる》

㉑□《ぶ》分　㉒〔　〕《さむい》　㉓〔　〕《あつい》　㉔□《しゅ》語　㉕〔　〕《まもる》　㉖□《ちゅう》意

㉗□《はし》をわたる　㉘〔　〕《かるい》　㉙□《に》物　㉚□《やく》わり　記㉛□《しゃ》

かん㉜□《けい》　九㉝□《しゅう》　㉞□《しん》行　㉟〔　〕《そだつ》　㊱□《かみ》様

屋㊲□《ね》　㊳□《ほか》の人　㊴□《ふく》ぶくろ　足が㊵〔　〕《はやい》　㊶〔　〕《うつ》

山下㊷□《くん》　㊸□《べん》強　電㊹□《ぱ》　㊺□《ほう》送　㊻□《はん》対　大㊼□《ず》

㊽□《はこ》　㊾□《けん》㊿□《きゅう》

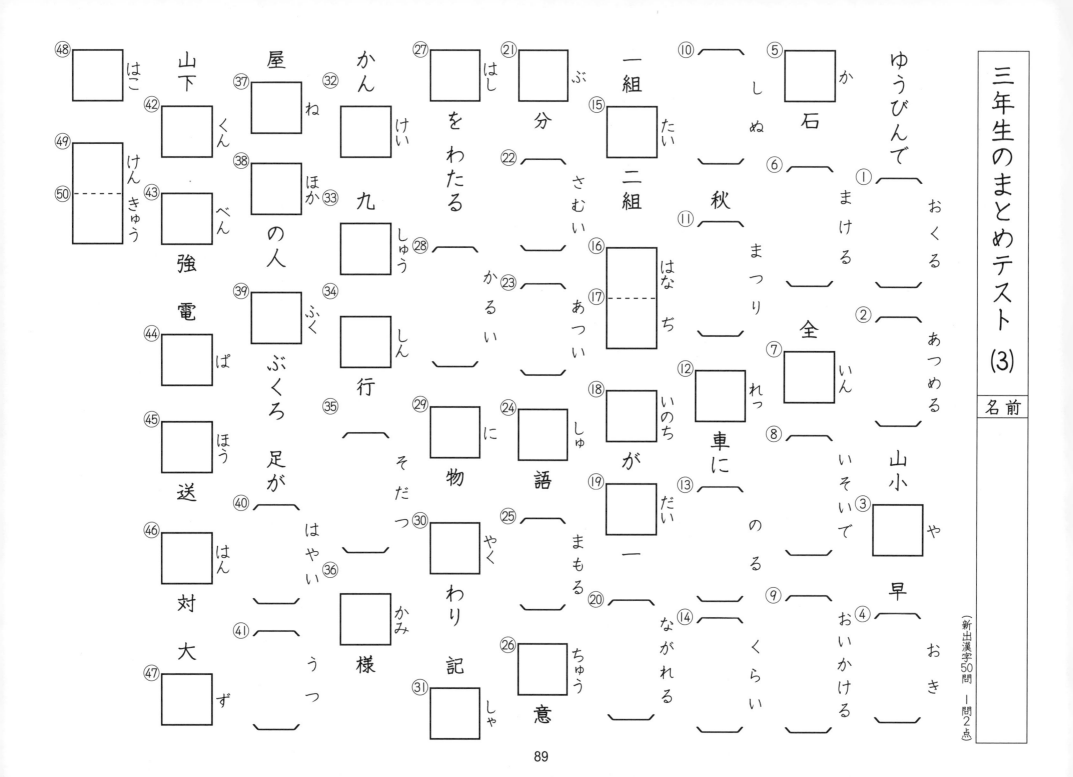

三年生のまとめテスト(4)

名前

（新出漢字と読み方が新しい漢字　1問2点）

①〔　　〕《かよう》

②□《しょう》化

③□《く》労

二④□《かい》に上がる

⑤〔　　〕《とり》出す

中⑥□《おう》

学⑦□《きゅう》

⑧□《さら》あらい

⑨□《びょう》気

相⑩□《だん》

くりの⑪□《かわ》

作⑫□《ぎょう》

⑬〔　　〕《ころぶ》

⑭〔　　〕《うつくしい》

⑮□《はたけ》

二⑯□《ばい》

ため⑰□《いき》

⑱□《へ》⑲□《や》

真っ⑳□《さお》

㉑□《き》間

㉒□《い》員会

㉓〔　　〕《あきらか》

㉔□《こう》動

調㉕□《し》

㉖□《りょ》行

㉗□《ぎゅう》肉

重さを㉘〔　　〕《はかる》

㉙□《いん》用

日㉚□《ちょく》

㉛□《えき》

㉜□《しゅつ》発

㉝□《せい》天

㉞□《か》㉟□《せき》

㊱□《つ》㊲□《ごう》がよい

㊳□《しょう》㊴□《わ》生まれ

㊵□《ふつ》㊶□《か》

㊷□《ひと》㊸□《り》

㊹□《じょう》㊺□《ず》

㊻□《くすり》

㊼□《い》者

㊽□《しら》玉

㊾□《ひ》㊿□《めい》

三年生のまとめテスト (5)

名前

（新出漢字と読み方が新しい漢字　一問2点）

①〔　〕《のむ》　今②□《ど》　③〔　〕《あらた》に　④〔　〕《はじめる》　⑤□《しま》にわたる

⑥〔　〕《おもい》　⑦⑧□□《ちよ》紙　⑨〔　〕《なげる》　⑩〔　〕《まがる》　⑪□《やど》

⑫〔　〕《まつ》　⑬⑭□□《しょうぶ》　一⑮□《ちょう》目　⑯⑰□□《じいん》の⑱□《にわ》

心⑲□《ぱい》　日記⑳□《ちょう》　口㉑□《ぶえ》　お㉒□《れい》　㉓□《みずうみ》

㉔〔　〕《しあわせ》　車㉕□《こ》　㉖〔　〕《まじわる》　㉗㉘□□《ぜんりょく》

石㉙□《たん》　㉚□《みや》　大㉛□《く》　お㉜□《ゆ》　お㉝□《ねえ》さん

㉞□《よう》毛　㉟〔　〕《はずれる》　五時に㊱□《き》社する　㊲□《せい》門

㊳㊴□□《にゅうじょう》　一㊵□《とう》になる　㊶㊷㊸□□□《はつか》　㊹〔　〕《あかり》

㊺〔　〕《まぜる》　電㊻□《ち》　㊼〔　〕《おそわる》　校㊽□《か》　㊾□《まめ》まき　㊿□《ちゅう》食

三年生のまとめテスト(6)

名前

（読み方が新しい漢字　一問２点）

①②《ものがたり》

③④《けさ》

足⑤《もと》

⑥（　）《かなしい》

⑦⑧《きょうじゃく》をつける

⑨（　）《まるい》つくえ

学⑩《けん》

⑪⑫《ちょうしょく》をとる

⑬《ばい》店

⑭《じ》面

⑮《もく》次

⑯（　）《まったく》わからない

⑰⑱《ふたり》

水⑲《どう》

⑳《は》子板

まどを㉑（　）《あける》

式を㉒（　）《おこなう》

㉓《かな》づち

㉔《こと》葉

百メートル㉕《そう》

㉖《ほ》道

日本㉗《かい》

円の中㉘《しん》

様㉙《す》をみる

㉚㉛《きょう》

㉜㉝《おとな》

水㉞《でん》

㉟㊱《とけい》

十五㊲《や》

㊳㊴《きゅうじつ》

㊵㊶《たいよう》

㊷《にし》と㊸《ひがし》

㊹㊺《きんじょ》

句㊻㊼《とうてん》

日㊽《ちょく》

㊾《せき》油

㊿《もう》筆

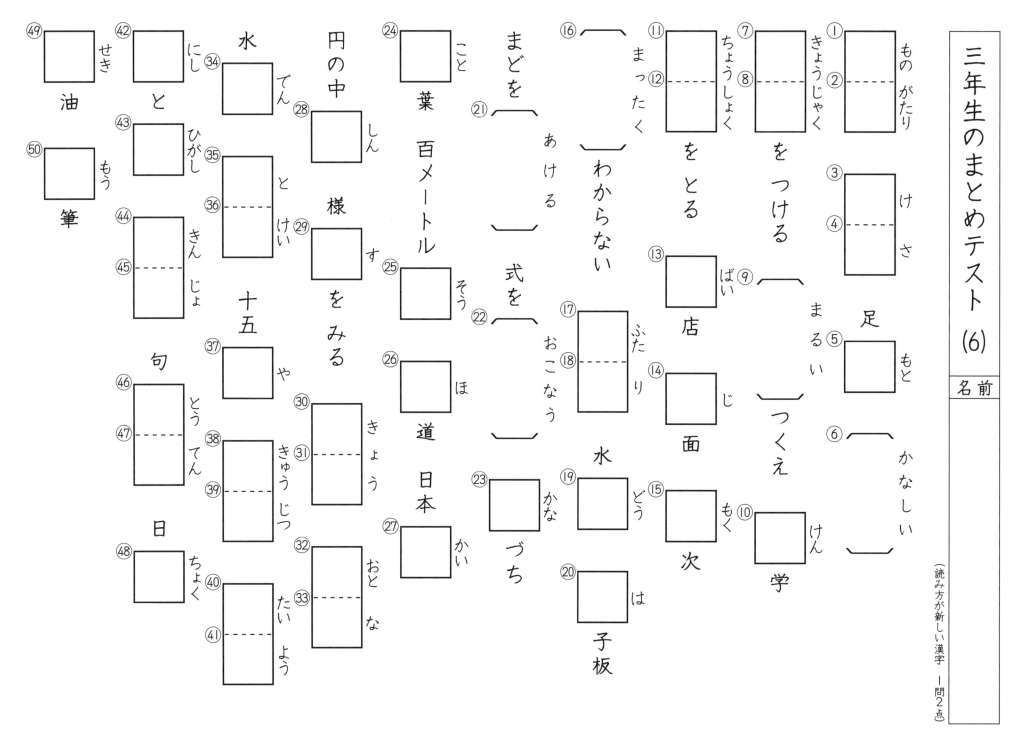

P.13

まとめテスト (1)
P5 P8 P12
名前
(1問2点)

①商《しょう》②店《てん》が③〔開《ひら》く〕④家《か》⑤族《ぞく》ですごす⑥葉《は》っぱ
⑦詩《し》の⑧学《がく》⑨習《しゅう》⑩動《どう》⑪物《ぶつ》⑫図《と》⑬書《しょ》⑭館《かん》
⑮漢《かん》⑯字《じ》の⑰意《い》⑱味《み》を⑲〔調《しら》べる〕⑳番《ばん》㉑号《ごう》をつける
㉒実《じつ》はやさしい㉓文《ぶん》㉔章《しょう》㉕問《もん》㉖題《だい》お㉗面《めん》㉘言《こと》㉙葉《ば》
㉚平《へい》㉛気《き》な㉜顔《かお》㉝自《じ》㉞由《ゆう》に㉟〔使《つか》う〕
㊱〔温《あたた》かい〕お㊲酒《さけ》げきの㊳登《とう》㊴場《じょう》㊵人《じん》㊶物《ぶつ》
㊷今《きょ》㊸日《う》の㊹出《で》㊺来《き》㊻事《ごと》音の㊼強《きょう》㊽弱《じゃく》
㊾〔深《ふか》い〕㊿所《ところ》

P.24

まとめテスト (2)
P16 P20 P23
名前
(1問2点)

①昔《むかし》②話《ばなし》③次《つぎ》の人④氷《こおり》⑤水《みず》⑥朝《ちょう》⑦食《しょく》をとる
⑧有《ゆう》⑨名《めい》になる⑩書《か》き⑪〔表《あらわ》す〕六十⑫秒《びょう》
⑬早《そう》⑭朝《ちょう》マラソン⑮県《けん》⑯道《どう》を走る⑰農《のう》⑱家《か》
⑲〔短《みじか》い〕⑳発《はつ》㉑音《おん》㉒地《ち》㉓球《きゅう》ゆうびん㉔局《きょく》
㉕洋《よう》㉖服《ふく》を㉗整《せい》㉘理《り》する㉙決《き》める㉚世《せ》㉛界《かい》
㉜中《ちゅう》㉝心《しん》話㉞相《あい》㉟手《て》㊱一《ひと》㊲人《り》で㊳〔遊《あそ》ぶ〕
カギを㊴〔落《お》とす〕㊵鉄《てつ》のぼう㊶親《おや》㊷指《ゆび》
㊸安《あん》㊹定《てい》する㊺様《よう》㊻子《す》を見る㊼上《じょう》㊽手《ず》な字
㊾横《よこ》㊿書《が》き

P.36

まとめテスト (3)
P28 P31 P35
名前
(1問2点)

①運《うん》②動《どう》③会《かい》④坂《さか》道 ふり⑤〔返《かえ》る〕⑥緑《みどり》⑦色《いろ》
⑧予《よ》⑨定《てい》がある ゆうびんで⑩〔送《おく》る〕⑪感《かん》⑫想《そう》⑬文《ぶん》
⑭住《じゅう》⑮所《しょ》お⑯客《きゃく》石を⑰〔拾《ひろ》う〕
⑱具《ぐ》⑲合《あい》が⑳〔悪《わる》い〕㉑助《じょ》㉒言《げん》
かばんを㉓〔持《も》つ〕㉔太《たい》㉕陽《よう》㉖〔向《む》かう〕
㉗悲《ひ》㉘鳴《めい》をあげる㉙海《かい》㉚岸《がん》を歩く㉛童《どう》㉜話《わ》の本
㉝水《すい》㉞泳《えい》の㉟練《れん》㊱習《しゅう》㊲銀《ぎん》㊳行《こう》㊴毛《もう》㊵筆《ひつ》で書く
㊶仕《し》㊷事《ごと》が㊸〔終《お》わる〕㊹去《きょ》㊺年《ねん》㊻身《み》の㊼〔回《まわ》り〕
たくさんの㊽商《しょう》㊾品《ひん》㊿〔円《まる》い〕テーブル

P.47

まとめテスト (4)
P39 P43 P46
名前
(1問2点)

①目《もく》②次《じ》で③〔調《しら》べる〕④柱《はしら》⑤時《ど》⑥計《けい》
⑦化《か》⑧石《せき》を見つける⑨植《しょく》⑩物《ぶつ》を⑪〔集《あつ》める〕
⑫虫《むし》が⑬〔死《し》ぬ〕し⑭合《あい》に⑮〔負《ま》ける〕⑯油《ゆ》⑰田《でん》をほる
⑱両《りょう》⑲手《て》を⑳〔上《あ》げる〕㉑写《しゃ》㉒真《しん》をとる㉓港《みなと》㉔町《まち》
先生と㉕対《たい》㉖話《わ》する㉗山《やま》㉘小《ご》㉙屋《や》ですごす
㉚㉛〔秋祭《あきまつ》り〕㉜全《ぜん》㉝員《いん》で㉞㉟〔語《かた》り合《あ》う〕かん㊱係《けい》がある
上の㊲部《ぶ》㊳分《ぶん》㊴鉄《てっ》㊵板《ぱん》でやく てんぷら㊶油《あぶら》
㊷羽《は》㊸子《ご》㊹板《いた》㊺今《こん》㊻夜《や》のごはん
㊼空《くう》㊽港《こう》㊾都《つ》㊿合《ごう》

P.59

まとめテスト (5)

P51 P54 P58

名前

(1問2点)

①列《れっ》②車《しゃ》に③〔乗る《のる》〕④血《ち》⑤〔取る《とる》〕お⑥父《とう》さん

⑦筆《ひっ》⑧者《しゃ》⑨〔起こる《おこる》〕⑩〔進む《すすむ》〕⑪〔追いかける《おいかける》〕

お⑫兄《にい》さん⑬他《ほか》の人⑭〔急ぐ《いそぐ》〕⑮〔暗い《くらい》〕⑯道《みち》

⑰橋《はし》をわたる⑱〔暑い《あつい》〕⑲畑《はたけ》⑳〔寒い《さむい》〕㉑朝《あさ》

㉒〔軽い《かるい》〕㉓荷《に》㉔物《もつ》㉕命《いのち》を㉖〔守る《まもる》〕㉗文《ぶん》の㉘主《しゅ》㉙語《ご》

㉚第《だい》三の㉛場《ば》㉜面《めん》㉝新《しん》㉞米《まい》を食べる

㉟九《きゅう》㊱州《しゅう》に行く㊲〔流れ《ながれ》〕がはやい㊳君《きみ》㊴時《じ》㊵期《き》

㊶屋《や》㊷根《ね》の上㊸風《ふう》㊹船《せん》をとばす㊺消《しょう》㊻化《か》がよい

㊼役《やく》わりを 決める㊽大《だい》㊾豆《ず》を㊿〔育てる《そだてる》〕

P.71

まとめテスト (6)

P63 P66 P70

名前

(1問2点)

①福《ふく》の神②苦《く》ろうをかける 二③倍《ばい》の④数《かず》

⑤鼻《はな》がつまる⑥二《に》⑦階《かい》に⑧〔上がる《あがる》〕⑨駅《えき》の⑩中《ちゅう》⑪央《おう》

⑫相《そう》⑬談《だん》をする⑭旅《りょ》⑮行《こう》する⑯昭《しょう》⑰和《わ》⑱〔生まれ《うまれ》〕

⑲歯《は》みがき⑳委《い》㉑員《いん》㉒会《かい》㉓電《でん》㉔池《ち》㉕皮《かわ》むき

㉖作《さ》㉗業《ぎょう》㉘〔教わる《おそわる》〕㉙短《たん》㉚歌《か》㉛息《いき》

㉜皿《さら》あらい㉝〔美しい《うつくしい》〕けしき㉞薬《くすり》を㉟〔飲む《のむ》〕

すべって㊱〔転ぶ《ころぶ》〕㊲病《びょう》㊳気《き》で㊴医《い》㊵者《しゃ》にかかる

㊶〔重い《おもい》〕石㊷心《しん》㊸配《ぱい》する㊹何《なん》㊺度《ど》もやる

㊻〔幸せ《しあわせ》〕になる㊼学《がっ》㊽級《きゅう》㊾〔始まる《はじまる》〕心を㊿〔新た《あらた》〕にする

P.83

まとめテスト (7)

P75 P78 P82

名前

(1問2点)

①島《しま》にわたるお②姉《ねえ》さんを③〔待つ《まつ》〕しけんを④〔受ける《うける》〕

⑤千《ち》⑥代《よ》⑦紙《がみ》をおる⑧〔曲がり《まがり》〕かど⑨石《せき》⑩炭《たん》をほる

⑪羊《よう》⑫毛《もう》のセーター⑬車《しゃ》⑭庫《こ》に入れる⑮宿《やど》にとまる

⑯日《にっ》⑰記《き》⑱帳《ちょう》に書く ボールを⑲〔投げる《なげる》〕⑳一《いっ》㉑丁《ちょう》㉒目《め》

㉓勝《しょう》㉔負《ぶ》㉕〔打つ《うつ》〕㉖反《はん》㉗対《たい》する㉘放《ほう》㉙送《そう》

㉚宮《みや》まいり㉛〔速さ《はやさ》〕㉜寺《じ》㉝院《いん》㉞口《くち》㉟笛《ぶえ》をふく

お㊱礼《れい》㊲研《けん》㊳究《きゅう》㊴庭《にわ》を歩く㊵湖《みずうみ》のほとり

車に㊶注《ちゅう》㊷意《い》する㊸〔等しい《ひとしい》〕長さ お㊹湯《ゆ》を㊺〔注ぐ《そそぐ》〕

高い㊻波《なみ》㊼薬《くすり》㊽箱《ばこ》㊾神《かみ》㊿様《さま》

P.87

三年生のまとめテスト (1)

名前

(新出漢字50問 1問2点)

①動《どう》②物《ぶつ》③〔使う《つかう》〕家④族《ぞく》図書⑤館《かん》

⑥詩《し》を書く⑦葉《は》っぱ 本を⑧〔開く《ひらく》〕⑨発《はっ》⑩表《ぴょう》

木の⑪実《み》記⑫号《ごう》⑬〔住む《すむ》〕⑭〔受ける《うける》〕⑮農《のう》家

⑯漢《かん》字⑰様《よう》子 文⑱章《しょう》⑲問《もん》⑳題《だい》㉑昔《むかし》あま㉒酒《さけ》

㉓〔深い《ふかい》〕㉔意《い》㉕味《み》㉖平《へい》㉗面《めん》㉘〔調べる《しらべる》〕㉙〔落とす《おとす》〕

㉚洋《よう》㉛服《ふく》㉜歯《は》㉝銀《ぎん》㉞世《せ》㉟界《かい》たてと㊱横《よこ》

㊲次《つぎ》の㊳所《ところ》水道㊴局《きょく》親㊵指《ゆび》かき㊶氷《ごおり》

野㊷球《きゅう》㊸〔遊ぶ《あそぶ》〕青森㊹県《けん》六十㊺秒《びょう》

つくえの㊻整《せい》理 学㊼習《しゅう》㊽〔短い《みじかい》〕㊾全《ぜん》体㊿鉄《てつ》ぼう

P.88

三年生のまとめテスト (2)

名前

(新出漢字50問 1問2点)

①②商《しょう》品《ひん》 ③〔温かい《あたたかい》〕 自 ④由《ゆう》 になる 駅に ⑤〔着く《つく》〕
⑥有《ゆう》 名 ⑦相《あい》 手を ⑧〔決める《きめる》〕 ⑨⑩安《あん》定《てい》 電 ⑪柱《ちゅう》
⑫登《とう》 場する ⑬⑭写《しゃ》真《しん》 ⑮油《ゆ》 田 ⑯運《うん》 動会
まな ⑰板《いた》 ⑱⑲仕《し》事《ごと》 ⑳㉑感《かん》想《そう》 文 ㉒緑《みどり》 の絵の ㉓具《ぐ》
㉔予《よ》 定 ㉕〔拾い《ひろい》〕 上げる ㉖坂《さか》 道 ㉗悲《ひ》 鳴
㉘〔泳ぎ《およぎ》〕 の ㉙練《れん》 習 海 ㉚岸《がん》 に ㉛〔向かう《むかう》〕 ㉜〔悪い《わるい》〕 ゆめ
バスの ㉝路《ろ》 線 太 ㉞陽《よう》 ㉟童《どう》 話 お ㊱客《きゃく》 えん ㊲筆《ぴつ》
㊳区《く》 切り ㊴身《み》 の回り 空 ㊵港《こう》 ㊶去《きょ》 年 入学 ㊷式《しき》
㊸申《もう》 しこみ ㊹〔終わり《おわり》〕 本を ㊺〔返す《かえす》〕 ㊻〔持つ《もつ》〕
㊼助《じょ》 言 ㊽植《しょく》 物 ㊾都《つ》 合 ㊿両《りょう》 手

P.89

三年生のまとめテスト (3)

名前

(新出漢字50問 1問2点)

ゆうびんで ①〔送る《おくる》〕 ②〔集める《あつめる》〕 山小 ③屋《や》 早 ④〔起き《おき》〕
⑤化《か》 石 ⑥〔負ける《まける》〕 全 ⑦員《いん》 ⑧〔急いで《いそいで》〕 ⑨〔追いかける《おいかける》〕
⑩〔死ぬ《しぬ》〕 秋 ⑪〔祭り《まつり》〕 ⑫列《れっ》 車に ⑬〔乗る《のる》〕 ⑭〔暗い《くらい》〕
一組 ⑮対《たい》 二組 ⑯⑰鼻《はな》血《ぢ》 ⑱命《いのち》 が ⑲第《だい》 一 ⑳〔流れる《ながれる》〕
㉑部《ぶ》 分 ㉒〔寒い《さむい》〕 ㉓〔暑い《あつい》〕 ㉔主《しゅ》 語 ㉕〔守る《まもる》〕 ㉖注《ちゅう》 意
㉗橋《はし》 をわたる ㉘〔軽い《かるい》〕 ㉙荷《に》 物 ㉚役《やく》 わり 記 ㉛者《しゃ》
かん ㉜係《けい》 九 ㉝州《しゅう》 ㉞進《しん》 行 ㉟〔育つ《そだつ》〕 ㊱神《かみ》 様
屋 ㊲根《ね》 ㊳他《ほか》 の人 ㊴福《ふく》 ぶくろ 足が ㊵〔速い《はやい》〕 ㊶〔打つ《うつ》〕
山下 ㊷君《くん》 ㊸勉《べん》 強 電 ㊹波《ぱ》 ㊺放《ほう》 送 ㊻反《はん》 対 大 ㊼豆《ず》
㊽箱《はこ》 ㊾㊿研《けん》究《きゅう》

P.90

三年生のまとめテスト (4)

名前

(新出漢字と読み方が新しい漢字 1問2点)

①〔通う《かよう》〕 ②消《しょう》 化 ③苦《く》 労 二 ④階《かい》 に上がる
⑤〔取り《とり》〕 出す 中 ⑥央《おう》 学 ⑦級《きゅう》 ⑧皿《さら》 あらい ⑨病《びょう》 気
相 ⑩談《だん》 くりの ⑪皮《かわ》 作 ⑫業《ぎょう》 ⑬〔転ぶ《ころぶ》〕 ⑭〔美しい《うつくしい》〕
⑮畑《はたけ》 二 ⑯倍《ばい》 ため ⑰息《いき》 ⑱⑲部《へ》屋《や》 真っ ⑳青《さお》
㉑期《き》 間 ㉒委《い》 員会 ㉓〔明らか《あきらか》〕 ㉔行《こう》 動 調 ㉕子《し》
㉖旅《りょ》 行 ㉗牛《ぎゅう》 肉 重さを ㉘〔計る《はかる》〕 ㉙引《いん》 用 日 ㉚直《ちょく》
㉛駅《えき》 ㉜出《しゅっ》 発 ㉝晴《せい》 天 ㉞㉟化《か》石《せき》 ㊱㊲都《つ》合《ごう》 がよい
㊳㊴昭《しょう》和《わ》 生まれ ㊵㊶二日《ふつか》 ㊷㊸一人《ひとり》 ㊹㊺上《じょう》手《ず》
㊻薬《くすり》 ㊼医《い》 者 ㊽白《しら》 玉 ㊾㊿悲《ひ》鳴《めい》

P.91

三年生のまとめテスト (5)

名前

(新出漢字と読み方が新しい漢字 1問2点)

①〔飲む《のむ》〕 今 ②度《ど》 ③〔新た《あらた》〕 に ④〔始める《はじめる》〕 ⑤島《しま》 にわたる
⑥〔重い《おもい》〕 ⑦⑧千《ち》代《よ》 紙 ⑨〔投げる《なげる》〕 ⑩〔曲がる《まがる》〕 ⑪宿《やど》
⑫〔待つ《まつ》〕 ⑬⑭勝《しょう》負《ぶ》 一 ⑮丁《ちょう》 目 ⑯⑰寺《じ》院《いん》 の ⑱庭《にわ》
心 ⑲配《ぱい》 日記 ⑳帳《ちょう》 口 ㉑笛《ぶえ》 お ㉒礼《れい》 ㉓湖《みずうみ》
㉔〔幸せ《しあわせ》〕 車 ㉕庫《こ》 ㉖〔交わる《まじわる》〕 ㉗㉘全《ぜん》力《りょく》
石 ㉙炭《たん》 ㉚宮《みや》 大 ㉛工《く》 お ㉜湯《ゆ》 お ㉝姉《ねえ》 さん
㉞羊《よう》 毛 ㉟〔外れる《はずれる》〕 五時に ㊱帰《き》 社する ㊲正《せい》 門
㊳㊴入場《にゅうじょう》 一 ㊵等《とう》 になる ㊶㊷㊸二十日《はつか》 ㊹〔明かり《あかり》〕
㊺〔混ぜる《まぜる》〕 電 ㊻池《ち》 ㊼〔教わる《おそわる》〕 校 ㊽歌《か》 ㊾豆《まめ》 まき ㊿昼《ちゅう》 食

P.92

三年生のまとめテスト (6)

名前

（読み方が新しい漢字　一問2点）

①物《もの》②語《がたり》　③今《け》④朝《さ》　足⑤元《もと》　⑥〔悲しい《かなしい》〕

⑦強《きょう》⑧弱《じゃく》をつける　⑨〔円い《まるい》〕つくえ　⑩見《けん》学

⑪朝《ちょう》⑫食《しょく》をとる　⑬売《ばい》店　⑭地《じ》面　⑮目《もく》次

⑯〔全く《まったく》〕わからない　⑰二《ふた》⑱人《り》　水⑲道《どう》　⑳羽《は》子板

まどを㉑〔開ける《あける》〕　式を㉒〔行う《おこなう》〕　㉓金《かな》づち

㉔言《こと》葉　百メートル㉕走《そう》　㉖歩《ほ》道　日本㉗海《かい》

円の中㉘心《しん》　様㉙子《す》をみる　㉚今《きょ》㉛日《う》　㉜大《おと》㉝人《な》

水㉞田《でん》　㉟時《と》㊱計《けい》　十五㊲夜《や》　㊳休《きゅう》㊴日《じつ》　㊵太《たい》㊶陽《よう》

㊷西《にし》と㊸東《ひがし》　㊹近《きん》㊺所《じょ》　句㊻読《とう》㊼点《てん》　日㊽直《ちょく》

㊾石《せき》油　㊿毛《もう》筆

新版　くりかえし漢字練習プリント 3年

2021年3月10日　第1刷発行

著　　　者：原田 善造　椹木 マサ子（他10名）

発　行　者：岸本 なおこ

発　行　所：喜楽研（わかる喜び学ぶ楽しさを創造する教育研究所）

〒604-0827　京都府京都市中京区高倉通二条下ル瓦町 543-1

TEL　075-213-7701　FAX　075-213-7706

HP　https://www.kirakuken.co.jp/

印　　　刷：株式会社米谷

ISBN:978-4-86277-331-9

Printed in Japan